Fundamentos de neurofisiologia:

uma introdução para educadores

SÉRIE PRESSUPOSTOS DA EDUCAÇÃO ESPECIAL

Fundamentos de neurofisiologia:

uma introdução para educadores

Leandro Kruszielski

inter saberes

intersaberes

Rua Clara Vendramin, 58 . Mossunguê . CEP 81200-170 . Curitiba . PR . Brasil
Fone: (41) 2106-4170 . www.intersaberes.com . editora@intersaberes.com

Editora-chefe
Lindsay Azambuja

Gerente editorial
Ariadne Nunes Wenger

Assistente editorial
Daniela Viroli Pereira Pinto

Preparação de originais
LEE Consultoria

Edição de texto
Palavra do Editor
Gustavo Piratello de Castro

Capa e projeto gráfico
Bruno Palma e Silva (*design*)
Serenko Natalia/Shutterstock
(imagem de capa)

Diagramação
Renata Silveira

Equipe de *design*
Charles L. da Silva
Laís Galvão

Iconografia
Célia Regina Tartalia e Silva
Regina Claudia Cruz Prestes

Dados Internacionais de Catalogação na Publicação (CIP)
(Câmara Brasileira do Livro, SP, Brasil)

Kruszielski, Leandro
Fundamentos de neurofisiologia: uma introdução para educadores/ Leandro Kruszielski. Curitiba: InterSaberes, 2019. (Série Pressupostos da Educação Especial)

Bibliografia.
ISBN 978-85-5972-980-1

1. Aprendizagem 2. Cérebro – Fisiologia 3. Cognitivismo 4. Educadores 5. Educação inclusiva 6. Neurociência 7. Neurofisiologia I. Título. II. Série.

19-23618 CDD-371.9

Índices para catálogo sistemático:
1. Neurofisiologia para educadores: Educação inclusiva 371.9
Cibele Maria Dias – Bibliotecária –CRB-8/9427

1ª edição, 2019.

Foi feito o depósito legal.

Sumário

Para Adriana, Marina e Júlia, do fundo do meu sistema límbico.

Gratidão sincera a Paula Sakaguti pelo convite e pela confiança depositada.
E profunda gratidão a minha família pelo apoio sempre presente.

"O coração tem razões que a razão desconhece."
Blaise Pascal

"O cérebro tem emoções que o coração desconhece."
Millôr Fernandes

Apresentação

Nós não só temos um cérebro; nós somos nosso cérebro. Nossos pensamentos, emoções e comportamentos podem ser estudados a partir de múltiplas perspectivas e abordagens. A sociologia, a antropologia, a psicologia, a filosofia e diversas outras áreas do conhecimento ocupam-se do estudo desses objetos. Por mais que todas essas áreas tragam imprescindíveis contribuições, não podemos negar aquilo que talvez seja o que existe de mais elementar na natureza humana: o aspecto biológico. Graças à base material biológica, podemos pensar, nos emocionar e agir. Sem desmerecer as outras dimensões, examinar a fundo como o cérebro funciona é compreender nossa natureza mais profunda e, ao mesmo tempo, reconhecer o que temos em comum com outros animais e outras formas de vida.

O objetivo deste livro é apresentar as principais bases neurofisiológicas do funcionamento cerebral e cognitivo humano. Trata-se de uma obra introdutória que descortina alguns conceitos essenciais acerca do funcionamento do neurônio e de seu entorno, ou seja, acerca do funcionamento neural/cerebral e cognitivo. Apesar de utilizarmos muita terminologia técnica inevitável, buscamos apresentar esses elementos por meio de uma linguagem acessível, de modo a instigar a busca por um maior aprofundamento no tema.

O conteúdo aqui exposto destina-se a leitores que não têm conhecimento avançado nas áreas das neurociências e da neurofisiologia; portanto, para favorecer a compreensão, alguns tópicos foram simplificados, mas sem perder o rigor científico. Podem beneficiar-se deste material especialmente professores de educação especial e de diversos níveis de ensino, uma vez que buscamos usar a aprendizagem como pano de fundo para explicar os mecanismos neurofisiológicos, entendendo-a como um dos papéis mais importantes do sistema nervoso.

O primeiro capítulo apresenta o neurônio, o elemento principal para se explorar o funcionamento de todo o sistema nervoso. Na sequência, o segundo capítulo enfoca o funcionamento da sinapse, descrevendo como ocorre a ligação entre as células nervosas e a formação de redes neurais. O terceiro capítulo trata do modo como agem os neurotransmissores presentes na sinapse, caracterizando alguns de seus principais representantes. O quarto capítulo versa sobre o surgimento do sistema nervoso segundo duas perspectivas: a do desenvolvimento pessoal e a da evolução de nossa espécie. O quinto capítulo aborda algumas das bases neurais de atividades mentais importantes, como o sono, a sensação, a percepção, a memória e o pensamento. Finalmente, o sexto capítulo esclarece como ocorre a aprendizagem conforme a perspectiva da neurofisiologia.

Ao final do livro, há um glossário com os principais conceitos apresentados no decorrer da obra. Recomendamos sua utilização sempre que houver dúvidas a respeito de algum termo desconhecido.

Se a aprendizagem ocorre no cérebro, estudar esse órgão é uma espécie de meta-aprendizagem. Entender como esse processo funciona talvez nos faça aprender melhor – ou, quem sabe, ensinar melhor.

Organização didático-pedagógica

Esta seção tem a finalidade de apresentar os recursos de aprendizagem utilizados no decorrer da obra, de modo a evidenciar os aspectos didático-pedagógicos que nortearam o planejamento do material e como o aluno/leitor pode tirar o melhor proveito dos conteúdos para seu aprendizado.

Todo e qualquer movimento, sensação, percepção, aprendizagem, emoção ou pensamento é processado pelas menores unidades do sistema nervoso, os **neurônios**. Não há nenhum fenômeno psicológico que não esteja baseado no funcionamento dos neurônios. Compreender a estrutura dessas células-base é o primeiro passo para explorar a complexidade da aprendizagem humana. Os neurônios, que não estão sozinhos (são acompanhados das células da glia), apresentam diversos formatos, funções e propriedades. Ao todo, o sistema nervoso humano compõe-se de mais de 86 bilhões de neurônios. Cada neurônio pode realizar centenas de milhares de conexões com outros neurônios, o que torna a combinação de redes neuronais potencialmente infinita. Se considerarmos que é justamente a conexão entre neurônios que caracteriza a aprendizagem, podemos afirmar que, ao menos teoricamente, os limites de nossa aprendizagem são extremamente amplos.

1.1 História do descobrimento das células nervosas

O neurônio é a peça elementar para o entendimento de como o sistema nervoso funciona e, em consequência, de como funcionam os fenômenos psíquicos. É curioso que tenha sido descoberto e descrito há pouco mais de cem anos apenas, um intervalo de tempo muito breve se levarmos em consideração a história da humanidade e mesmo a história da ciência. Dito de outra forma, é impressionante o quanto as neurociências avançaram em pouco mais de cem anos, progressão sem dúvida alavancada pela descoberta das células nervosas.

18

Introdução do capítulo

Logo na abertura do capítulo, você é informado a respeito dos conteúdos que nele serão abordados, bem como dos objetivos que o autor pretende alcançar.

A atividade elétrica neuronal apresenta padrões diferentes na vigília e nas várias fases do sono. Alterações muito significativas nesses padrões podem levar a crises de epilepsia. Segundo Simonetti, Almeida e Guenther ([illegible]), em pessoas com altas habilidades/superdotação (AH/S), as ondas elétricas geradas pelo potencial de ação se comportam de modo diferenciado quando comparadas às de pessoas que não apresentam essas características, o que poderia auxiliar na compreensão desse quadro.

Síntese

A teoria de que o sistema nervoso seria constituído por uma teia contínua, defendida por Golgi, foi superada pelas descobertas de Ramón y Cajal no início do século XX. Além de descrever os neurônios como unidades distintas, o neurocientista espanhol apontou suas principais estruturas: os dendritos, o corpo celular e o axônio. Os dendritos recebem o impulso nervoso de outros neurônios, que é conduzido pela membrana do corpo celular e pela extensão do axônio. Tais impulsos são elétricos e percorrem o neurônio à medida que a membrana realiza a troca de íons entre o interior e o exterior da célula, gerando um potencial de ação. Na extensão do axônio, o potencial de ação ocorre nos nódulos de Ranvier, espaços presentes na camada de gordura que recobre o axônio, chamada de *bainha de mielina*. A bainha de mielina é formada por oligodendrócitos (no SNC) ou por células de Schwann (no SNP), células da glia que dão suporte a um funcionamento adequado do neurônio. Além

32

Síntese

Você conta, nesta seção, com um recurso que o instigará a fazer uma reflexão sobre os conteúdos estudados, de modo a contribuir para que as conclusões a que você chegou sejam reafirmadas ou redefinidas.

dessas, outras células da glia (como os astrócitos, as micróglias e os ependimócitos) também sustentam os neurônios, realizando funções como nutrição, defesa e formação de sinapses. Os neurônios podem ser classificados de acordo com sua forma (unipolares, pseudounipolares, bipolares ou multipolares) e sua função (sensoriais, interneurônios e motoneurônios); geralmente, a forma acompanha a função relacionada.

Indicações culturais

O ÓLEO de Lorenzo. Direção: George Miller. EUA, 1992. 135 min.

Baseado em uma história real, o filme conta a busca de um casal pelo tratamento adequado para seu filho mais novo, que tem adrenoleucodistrofia (ALD). Não encontrando soluções adequadas, os pais acabam manipulando um óleo cujo objetivo seria retardar o avanço da doença. Apesar de haver controvérsias a respeito da eficácia terapêutica do óleo, o filme aborda muito bem as características da ALD, que envolve a perda gradual da bainha de mielina, e é possível perceber a importância da neuróglia para o funcionamento do sistema nervoso e do organismo como um todo.

33

Indicações culturais

Nesta seção, o autor oferece algumas indicações de livros, filmes ou *sites* que podem ajudá-lo a refletir sobre os conteúdos estudados e permitir o aprofundamento em seu processo de aprendizagem.

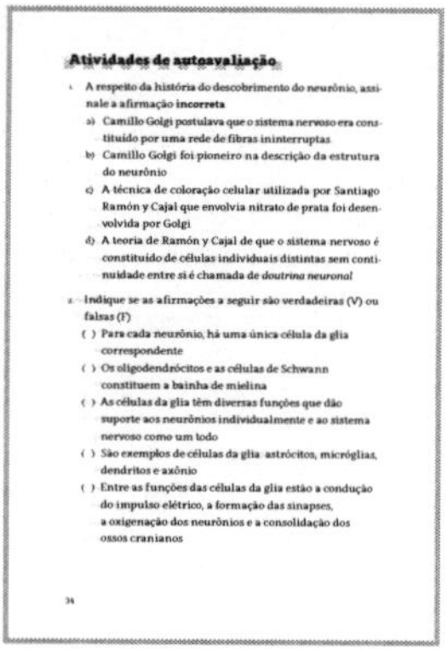

Atividades de autoavaliação

1. A respeito da história do descobrimento do neurônio, assinale a afirmação **incorreta**:
   a) Camillo Golgi postulava que o sistema nervoso era constituído por uma rede de fibras ininterruptas.
   b) Camillo Golgi foi pioneiro na descrição da estrutura do neurônio.
   c) A técnica de coloração celular utilizada por Santiago Ramón y Cajal que envolvia nitrato de prata foi desenvolvida por Golgi.
   d) A teoria de Ramón y Cajal de que o sistema nervoso é constituído de células individuais distintas sem continuidade entre si é chamada de *doutrina neuronal*.
2. Indique se as afirmações a seguir são verdadeiras (V) ou falsas (F):
   ( ) Para cada neurônio, há uma única célula da glia correspondente.
   ( ) Os oligodendrócitos e as células de Schwann constituem a bainha de mielina.
   ( ) As células da glia têm diversas funções que dão suporte aos neurônios individualmente e ao sistema nervoso como um todo.
   ( ) São exemplos de células da glia: astrócitos, micróglias, dendritos e axônio.
   ( ) Entre as funções das células da glia estão a condução do impulso elétrico, a formação das sinapses, a oxigenação dos neurônios e a consolidação dos ossos cranianos.

34

Atividades de autoavaliação

Com estas questões objetivas, você tem a oportunidade de verificar o grau de assimilação dos conceitos examinados, motivando-se a progredir em seus estudos e a se preparar para outras atividades avaliativas.

Atividades de aprendizagem

Questões para reflexão

1. Desenhe livremente um neurônio, sem consultar qualquer material de apoio e sem se preocupar com a qualidade técnica e/ou artística do desenho. Procure representar as principais estruturas e mecanismos presentes na célula nervosa, resumindo ao máximo, de forma visual, o conteúdo abordado. Depois, consulte os recursos de estudo que forem necessários e refaça o desenho, corrigindo eventuais equívocos e acrescentando detalhes ao novo desenho.
2. Crie uma tabela ou mapa conceitual que compare os tipos de neurônios, classificados, de acordo com sua forma e sua função, apontando as principais características de cada tipo de neurônio.

37

Atividades de aprendizagem

Aqui você dispõe de questões cujo objetivo é levá-lo a analisar criticamente determinado assunto e aproximar conhecimentos teóricos e práticos.

Bibliografia comentada

A maior parte das informações deste livro foram baseadas nas obras apresentadas a seguir. São obras de referência para o estudo de neurociência, de modo que todos podem fundamentar um estudo aprofundado dos vários temas abordados aqui.

COSENZA, R.; GUERRA, L. **Neurociência e educação**: como o cérebro aprende. Porto Alegre: Artmed, 2009.

Esse livro se constitui em uma introdução ao tema das neurociências para professores, apresentando temas como neuroanatomia, neurofisiologia, memória, atenção, funções executivas e inteligência, sempre relacionando com o contexto educacional. Alguns capítulos tratam exclusivamente da relação entre neurociências e educação, discutindo os processos neurobiológicos da leitura e da matemática.

KANDEL, E. et al. **Princípios de neurociências**. 5. ed. Porto Alegre: AMGH/Artmed, 2014.

Essa obra é um clássico das neurociências. Trata-se uma leitura bastante aprofundada e até mesmo complexa, indicada para quem já tem certo conhecimento na área. O livro é dividido em nove grandes partes, cada um com vários capítulos, que versam sobre anatomia, biologia molecular, cognição, percepção, movimento, desenvolvimento, linguagem, pensamento e aprendizagem.

163

Bibliografia comentada

Nesta seção, você encontra comentários acerca de algumas obras de referência para o estudo dos temas examinados.

Capítulo 1

Neurônio

Todo e qualquer movimento, sensação, percepção, aprendizagem, emoção ou pensamento é processado pelas menores unidades do sistema nervoso, os **neurônios**. Não há nenhum fenômeno psicológico que não esteja baseado no funcionamento dos neurônios. Compreender a estrutura dessas células-base é o primeiro passo para explorar a complexidade da aprendizagem humana. Os neurônios, que não estão sozinhos (são acompanhados das células da glia), apresentam diversos formatos, funções e propriedades. Ao todo, o sistema nervoso humano compõe-se de mais de 86 bilhões de neurônios. Cada neurônio pode realizar centenas de milhares de conexões com outros neurônios, o que torna a combinação de redes neuronais potencialmente infinita. Se considerarmos que é justamente a conexão entre neurônios que caracteriza a aprendizagem, podemos afirmar que, ao menos teoricamente, os limites de nossa aprendizagem são extremamente amplos.

1.1 História do descobrimento das células nervosas

O neurônio é a peça elementar para o entendimento de como o sistema nervoso funciona e, em consequência, de como funcionam os fenômenos psíquicos. É curioso que tenha sido descoberto e descrito há pouco mais de cem anos apenas, um intervalo de tempo muito breve se levarmos em consideração a história da humanidade e mesmo a história da ciência. Dito de outra forma, é impressionante o quanto as neurociências avançaram em pouco mais de cem anos, progressão sem dúvida alavancada pela descoberta das células nervosas.

Até o final do século XIX, acreditava-se que o sistema nervoso era formado por uma teia contínua de nervos, uma rede estendida sem qualquer tipo de fragmentação e segmentação. Um dos pesquisadores que postulavam essa ideia era o médico patologista italiano Camillo Golgi (1843-1926). Golgi ficou muito conhecido por desenvolver um método de coloração de células que permitia a visualização microscópica de cada uma individualmente, um grande avanço para a época. A técnica utilizava nitrato de prata, que coloria aleatoriamente apenas 1% das células em contato com a substância (até hoje os mecanismos detalhados desse fenômeno são desconhecidos). Isso possibilitava a visualização individual das células, separadas das células vizinhas, evitando a confusão da visualização de células aglutinadas. Utilizando essa e outras técnicas de coloração, Golgi conseguiu descrever inúmeros tecidos celulares e mesmo organelas intracelulares (como o complexo de Golgi, que recebeu seu nome). No entanto, Golgi não conseguiu visualizar a separação celular no sistema nervoso, por isso manteve a teoria de que ele era composto por uma rede de fibras nervosas sem qualquer interrupção.

O espanhol Santiago Ramón y Cajal (1852-1934), seu contemporâneo, utilizando o método criado por Golgi, obteve resultados bem diferentes, que contrariavam a hipótese da rede contínua. Além de conseguir observar o neurônio, Ramón y Cajal observou e descreveu as principais estruturas que o formam tal como o concebemos hoje: com corpo celular, axônio e dendritos. Mais do que isso, Ramón y Cajal afirmou que o tecido neuronal é composto não por uma teia única, mas por células individuais distintas que não apresentam continuidade entre si. Atestou também que existem tipos diferentes de células nervosas, que se agrupam de acordo com suas funções e se conectam umas às outras de modo bem específico. Assim, o sistema nervoso seria composto de pequenos elementos separados diferentes entre si e que se agrupam para realizar funções exclusivas daquele grupo. Essa teoria de Ramón y Cajal foi denominada de **doutrina neuronal**.

O advento de novas tecnologias e de novas técnicas científicas de investigação, baseadas na utilização de microscópios eletrônicos, corroborou a teoria de Ramón y Cajal. As novas evidências, fundamentadas em imagens mais nítidas e precisas, confirmaram a existência individual do neurônio e das estruturas específicas. Entretanto, essas mesmas técnicas igualmente mostraram que a teoria de Golgi não estava completamente equivocada. Foram encontradas também ligações diretas entre neurônios, sem qualquer separação entre eles. Essas ligações diretas, conhecidas hoje como *sinapses elétricas*, apresentavam-se em número muito menor do que as ligações entre os neurônios que guardavam espaço entre si, mas, de todo modo, também confirmavam, de certa maneira, a previsão de Golgi. Assim, em 1906, quando o Nobel de Fisiologia e Medicina premiou os responsáveis pela descrição do tecido nervoso, tanto Camillo Golgi quanto Santiago Ramón y Cajal foram laureados: entendeu-se que ambos tiveram um papel importantíssimo na área.

1.2 Células da glia

O neurônio é a célula naturalmente associada ao sistema nervoso. No entanto, ela não existe sozinha e depende de outas células para executar bem suas atribuições. As células que dão apoio ao neurônio são chamadas de **células da glia** ou **neuróglia** e estão presentes no sistema nervoso em uma quantidade dez vezes maior do que os neurônios. Apesar da ênfase dada aos neurônios no estudo da neurofisiologia, não podemos nos esquecer da importância das células da glia para que eles possam atuar isoladamente ou em conjunto.

Literalmente, a palavra *neuróglia* significa "cola neural", nome que se deve à função de suporte estrutural aos neurônios atribuída pelos anatomistas no século XIX. Hoje, sabe-se que as células da glia são responsáveis por diversas outras funções também, como defesa e nutrição neuronal, apoio à condução do sinal elétrico, formação de sinapses e participação em alguns tipos de aprendizagem. Graças às células da glia, o neurônio consegue manter sua integridade física, alimentar-se, conduzir as informações neurais ao longo de sua estrutura e enviar essas informações a outros neurônios. A qualidade da atividade neural, ou até mesmo a existência de uma atividade neural, depende da neuróglia e não apenas do neurônio.

Há diversos tipos de células gliais, entre os quais se destacam os astrócitos, as micróglias, os ependimócitos, os oligodendrócitos e as células de Schwann, ilustrados na Figura 1.1. Vejamos a estrutura e a função de cada um desses tipos de células.

Os **astrócitos** são células grandes e arredondadas com várias extensões denominadas *pedículos*, que se estendem de forma radial. Os pedículos circundam vasos sanguíneos e fazem contato com eles, criando uma barreira entre os tecidos do sistema nervoso e o sangue, especialmente nas membranas e nas paredes das cavidades internas do cérebro.

Essa barreira cria uma proteção contra agentes e substâncias químicas que afetariam a atividade cerebral, como no caso de algumas drogas.

Figura 1.1 – Principais tipos de células da glia

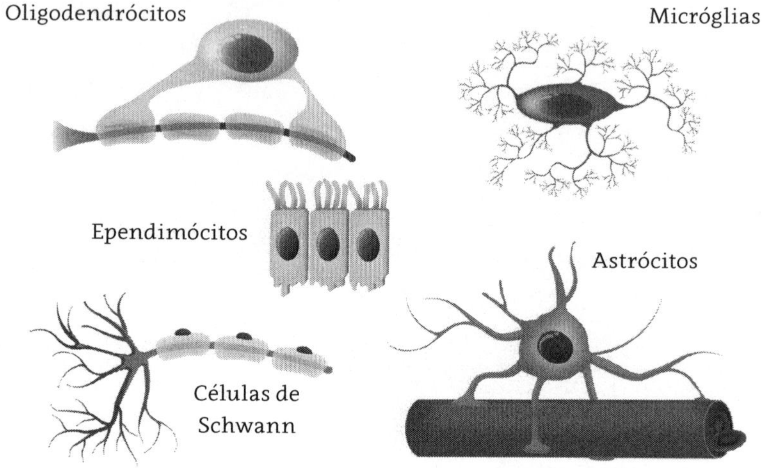

DesignuA/Shutterstock

As **micróglias** são células pequenas, como o próprio nome indica, e de formato irregular. Quando um tecido neuronal é lesado, há uma invasão dessas células, que realizam uma vigilância imunológica e uma reestruturação, reagindo contra invasores estranhos e fagocitando células danificadas.

Os **ependimócitos** (ou **células do epêndima**) apresentam cílios e têm formato de cubo. Constituem uma única camada de células que recobrem os ventrículos cerebrais e o canal central da medula. Auxiliam na formação e movimentação do líquido que circula nos espaços do crânio e da espinha.

Os **oligodendrócitos** e as **células de Schwann** são responsáveis pela formação da bainha de mielina, uma camada de gordura que circunda a estrutura neuronal chamada de *axônio*. A mielina cumpre um papel fundamental na condução do impulso nervoso, criando um isolamento elétrico contra interferências de correntes elétricas vindas dos demais neurônios. A diferença entre os dois tipos de células é que os oligodendrócitos são grandes e podem envolver até trinta axônios; já as células de Schwann são menores e envolvem apenas um axônio. Os oligodendrócitos se encontram no sistema nervoso central (SNC); as células de Schwann estão presentes no sistema nervoso periférico (SNP).

Observando-se as funções de cada uma dessas células gliais, é possível perceber que a atuação da neuróglia não envolve apenas o apoio individual aos neurônios, mas também o apoio ao sistema nervoso em sua totalidade, conduzindo o impulso nervoso, criando barreiras para substâncias químicas indesejadas, auxiliando na recuperação de tecidos feridos e movimentando líquidos internos das estruturas neurais.

1.3 Estrutura dos neurônios

Assim como há vários tipos de células da glia e elas assumem diferentes funções e formatos, também os neurônios são muito diversos e apresentam formatos e tamanhos diferenciados de acordo com o papel específico que desempenham. Contudo, há uma estrutura básica do neurônio que é relativamente comum a todos os tipos e que foi descrita por Ramón y Cajal quando a célula foi descoberta no início do século XX: os neurônios apresentam corpo celular e dois tipos de prolongamentos, os dendritos e os axônios, como é possível observar na Figura 1.2.

Figura 1.2 – Estrutura de um neurônio

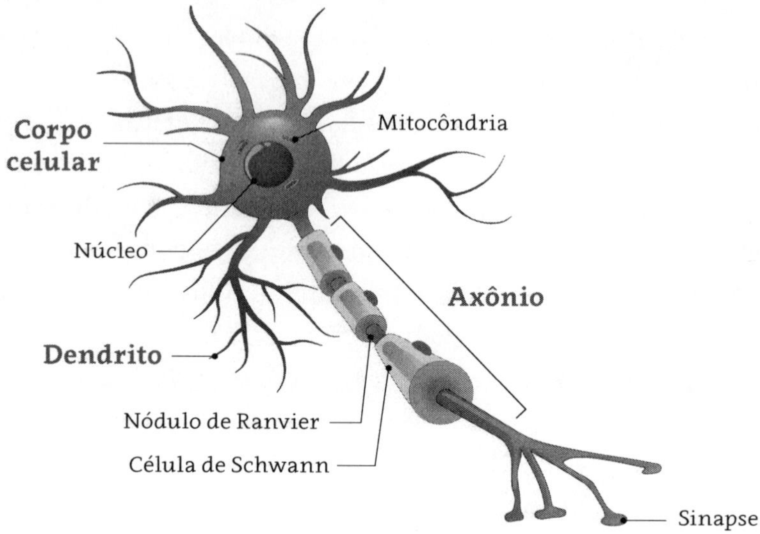

DesignuA/Shutterstock

Na parte interna do **corpo celular** do neurônio, também conhecido como *soma*, ficam o núcleo e as organelas básicas necessárias para a manutenção da vida da célula, como o complexo de Golgi e as mitocôndrias. Nisso o neurônio não se diferencia muito de qualquer outra célula do organismo. A membrana plasmática limita o corpo celular e separa as partes interna e externa. Nessa membrana ocorre um fenômeno exclusivo do neurônio, a condução do impulso nervoso (deslocamento de cargas elétricas com propósito informativo), que se estende também por outras partes da célula.

Saindo do corpo celular, há pequenas ramificações denominadas **dendritos** – do grego *déndron*, que significa "pequenos ramos de árvore". Os dendritos são múltiplos e apresentam ramificações diversas. Sua função é receber os impulsos nervosos dos outros neurônios a que se conectam. Esses impulsos são aferentes, ou seja, trata-se de informações que fazem o movimento de chegada, dirigindo-se da periferia para o centro.

Os **axônios**, por sua vez, são prolongamentos geralmente maiores que os dendritos e estão limitados a apenas um por neurônio. O axônio é um prolongamento único que se ramifica apenas em sua extremidade. Sua função é transmitir o impulso nervoso para outros neurônios. Também chamado de *fibra nervosa*, o axônio conduz as informações eferentes, ou seja, as que fazem o movimento de saída, do centro para a periferia da célula. A ramificação em sua extremidade permite que o impulso nervoso seja transmitido a vários outros neurônios.

O termos *aferente* e *eferente* não são utilizados apenas para identificar informações que entram e saem do neurônio. Os nervos que conduzem informação sensorial do corpo em direção ao cérebro, por exemplo, são denominados *nervos aferentes*; os que levam o impulso nervoso (que costuma ser um comando motor) do cérebro em direção ao corpo são chamados de nervos eferentes. De forma simplificada, *aferente* diz respeito ao que chega; *eferente*, ao que sai.

Normalmente, as fibras nervosas (axônios) são recobertas por uma camada de gordura chamada de *bainha de mielina* (formada por oligodendrócitos e células de Schwann), que funciona como uma espécie de isolante elétrico, possibilitando que os impulsos nervosos sejam conduzidos com qualidade e velocidade maiores do que no caso das fibras nervosas não mielinizadas (essa condução ocorre pelo lado externo, diferente do que se observa em cabos elétricos convencionais, como veremos mais adiante).

Esse processo de revestimento dos axônios explica muito do desenvolvimento motor, cognitivo e emocional. É iniciado antes do nascimento e só se conclui após os 20 anos de idade do indivíduo. Em algumas faixas etárias, há um intenso processo de mielinização, como nos dois primeiros anos de vida, em torno dos 6/7 anos e dos 11/12 anos. A mielinização explica a qualidade e o controle do comportamento em diferentes idades. Observando-se o controle motor, por exemplo, é possível perceber como um bebê que inicialmente é incapaz de se sentar, mesmo com apoio, vai ganhando, de forma gradual, capacidade de se sustentar sozinho, sentando, apoiando-se em suas pernas e braços, ficando em pé e finalmente andando. Esse aprimoramento no desenvolvimento motor deve-se, em grande parte, à mielinização de áreas do sistema nervoso responsáveis pela motricidade.

Algumas doenças, como a adrenoleucodistrofia (ALD) e a esclerose múltipla, afetam a bainha de mielina e acarretam a diminuição da velocidade ou mesmo a interrupção da atividade neural, o que justifica boa parte dos sintomas associados a elas, tais como a perda gradual de habilidades motoras e de comunicação na adrenoleucodistrofia e a perda de capacidades físicas e cognitivas na esclerose múltipla.

Em suma, a estrutura básica do neurônio é composta por corpo celular (o qual apresenta núcleos e organelas que mantêm a célula viva e uma membrana que conduz o impulso), dendritos (ramificações que recebem o impulso nervoso de outros neurônios) e axônio (que conduz o impulso até um próximo neurônio). Esse é o formato de um neurônio típico, mas pode variar de acordo com o tipo de neurônio e a função que ele desempenha.

1.4 Classificação dos neurônios de acordo com sua forma e sua função

A classificação dos neurônios pode ocorrer de acordo com sua morfologia ou com as funções que realizam no sistema nervoso. Do ponto de vista da funcionalidade, a classificação existente estabelece que essas células podem ser sensoriais, motoneurônios ou interneurônios. Os **neurônios sensoriais**, também chamados de **aferentes**, recebem as informações do ambiente e as transmitem ao sistema nervoso. Os **motoneurônios**, ou neurônios **eferentes**, conduzem o impulso nervoso que determina a contração ou o relaxamento dos músculos, o que produz o movimento. Os **interneurônios**, ou neurônios **associativos**, estabelecem a conexão entre os diversos tipos de neurônios de modo a comunicar os circuitos neurais próximos.

Os três tipos de neurônios atuam na maioria dos circuitos neurais. Quando um bebê engatinha em direção a um brinquedo, por exemplo, a ativação de neurônios sensoriais constrói a sensação visual do brinquedo, a ativação de interneurônios que se associam cria uma compreensão de que aqueles estímulos visuais captados são um brinquedo, e a ativação de motoneurônios o faz engatinhar em direção ao objeto. De certa forma, os neurônios sensoriais, os associativos e os motoneurônios só realizam suas funções de modo completo quando atuam juntos.

Quanto à forma, é possível afirmar que a variação é bastante ampla, mas, de modo geral, o critério adotado diz respeito a como o axônio, os dendritos e o corpo celular estão dispostos entre si. Neurônios parecidos entre si geralmente estão próximos um aos outros e/ou têm funções equivalente. Uma classificação bastante usual divide os neurônios em unipolares, pseudounipolares, bipolares e multipolares, como ilustra a Figura 1.3.

Figura 1.3 – Tipos básicos de neurônios de acordo com sua forma

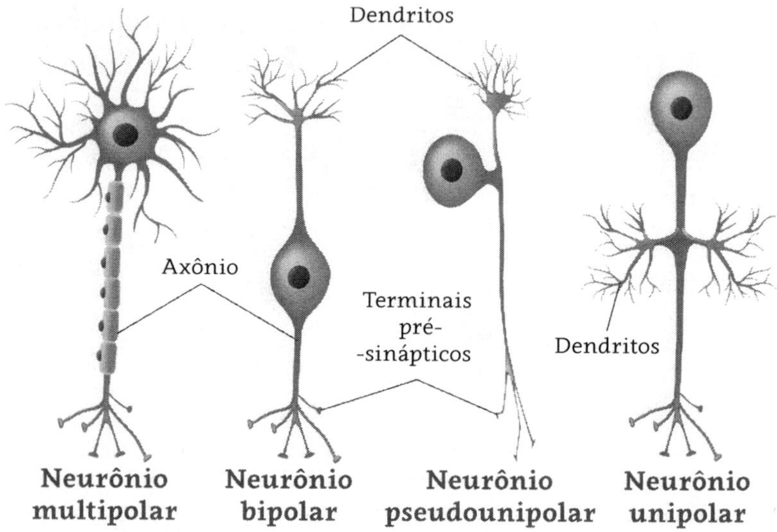

DesignuA/Shutterstock

Os **neurônios unipolares** são os mais simples, sendo compostos por um único prolongamento que se estende do corpo celular e pode se ramificar, formando dendritos e terminais axônicos. Esses neurônios são muito pouco frequentes.

Os **neurônios pseudounipolares** são semelhantes aos unipolares, apresentando corpo celular e um prolongamento, que se comporta como dendrito de um lado e como axônio do outro. Nesse tipo de célula, os impulsos nervosos podem ir do axônio até os dendritos sem passar pelo corpo celular.

São neurônios sensoriais e estão presentes, por exemplo, nos gânglios da raiz dorsal da medula.

Os **neurônios bipolares** apresentam apenas um dendrito e um axônio. É uma classe de neurônios bastante rudimentar, em que a informação chega em uma extremidade e desloca-se até a outra de forma direta. São neurônios sensoriais, como as células bipolares existentes na retina, que conduzem a informação visual.

Finalmente, os **neurônios multipolares** são os neurônios típicos, compostos por um axônio e vários dendritos. A maioria dos neurônios é multipolar e cumpre as mais diversas funções sensoriais ou motoras.

A forma neuronal acompanha a função das células nervosas, e todas elas, independentemente de suas formas ou funções, colaboram para o êxito coletivo do sistema nervoso.

1.5 Potencial de ação

Analisando-se os neurônios para além da estrutura física e das classificações possíveis, é possível notar que o que os torna células particulares e especiais em relação a outros tipos celulares é o modo como conduzem a informação. A informação neural apresenta duas modalidades, elétrica e química. A condução ocorre de forma química entre dois neurônios (o que se denomina *sinapse*, tema do próximo capítulo) e de forma elétrica na superfície do próprio neurônio. Mais especificamente, a condução dos impulsos nervosos passa eletricamente pelo corpo celular e pelo axônio. O impulso neural não circula dentro do neurônio, mas em sua borda. Como a bainha de mielina isola essa carga elétrica, o impulso é conduzido somente nos espaços não mielinizados do axônio, chamados de **nódulos de Ranvier**. A carga elétrica, portanto, "salta" entre os nódulos de Ranvier até chegar à porção final do axônio. Isso garante qualidade e velocidade na condução do impulso neural até seu destino.

A membrana que recobre o neurônio é semipermeável, ou seja, permite a entrada e a saída de algumas substâncias e não de outras. Assim, a membrana consegue controlar a passagem de moléculas que apresentam cargas elétricas (os íons), regulando a entrada e a saída das moléculas ao longo do neurônio, o que torna possível transportar esses íons ao longo do corpo celular e do axônio.

Os poros presentes na membrana que controlam essa passagem são chamados de *canais iônicos*. Os canais iônicos mais importantes são os que permitem a passagem de sódio e potássio. Quando um neurônio não está sendo ativado (o que caracteriza o denominado **potencial de membrana em repouso**), há mais íons positivos em seu interior do que em seu exterior. Na ativação neuronal, esse estado de repouso é alterado com a troca de íons por meio da membrana, o que ocasiona alterações nas cargas elétricas ao longo da célula. A diferença entre os íons que estão dentro do neurônio e os que estão do lado de fora gera então uma corrente elétrica, chamada de **potencial de ação**, que percorre a superfície da célula nervosa.

Percorrendo a membrana do corpo celular e saltando entre os espaços não mielinizados do axônio, a informação é conduzida ao longo do neurônio essencialmente de forma elétrica, por meio de canais iônicos que se fecham e se abrem, gerando o potencial de ação. Essa "informação elétrica" é convertida posteriormente em "informação química", para que possa ser enviada a outros neurônios e reconvertida em "informação elétrica", produzindo uma rede neuronal.

> A atividade elétrica neuronal apresenta padrões diferentes na vigília e nas várias fases do sono. Alterações muito significativas nesses padrões podem levar a crises de epilepsia. Segundo Simonetti, Almeida e Guenther (2010), em pessoas com altas habilidades/superdotação (AH/S), as ondas elétricas geradas pelo potencial de ação se comportam de modo diferenciado quando comparadas às de pessoas que não apresentam essas características, o que poderia auxiliar na compreensão desse quadro.

Síntese

A teoria de que o sistema nervoso seria constituído por uma teia contínua, defendida por Golgi, foi superada pelas descobertas de Ramón y Cajal no início do século XX. Além de descrever os neurônios como unidades distintas, o neurocientista espanhol apontou suas principais estruturas: os dendritos, o corpo celular e o axônio. Os dendritos recebem o impulso nervoso de outros neurônios, que é conduzido pela membrana do corpo celular e pela extensão do axônio. Tais impulsos são elétricos e percorrem o neurônio à medida que a membrana realiza a troca de íons entre o interior e o exterior da célula, gerando um potencial de ação. Na extensão do axônio, o potencial de ação ocorre nos nódulos de Ranvier, espaços presentes na camada de gordura que recobre o axônio, chamada de *bainha de mielina*. A bainha de mielina é formada por oligodendrócitos (no SNC) ou por células de Schwann (no SNP), células da glia que dão suporte a um funcionamento adequado do neurônio. Além dessas, outras células da glia (como os astrócitos, as micróglias e os ependimócitos) também sustentam os neurônios, realizando funções como nutrição, defesa e formação de sinapses. Os neurônios podem ser classificados de acordo com sua forma (unipolares, pseudounipolares, bipolares ou multipolares) e sua função (sensoriais, interneurônios e motoneurônios); geralmente, a forma acompanha a função relacionada.

Indicações culturais

O ÓLEO de Lorenzo. Direção: George Miller. EUA, 1992. 135 min.

> Baseado em uma história real, o filme conta a busca de um casal pelo tratamento adequado para seu filho mais novo, que tem adrenoleucodistrofia (ALD). Não encontrando soluções adequadas, os pais acabam manipulando um óleo cujo objetivo seria retardar o avanço da doença. Apesar de haver controvérsias a respeito da eficácia terapêutica do óleo, o filme aborda muito bem as características da ALD, que envolve a perda gradual da bainha de mielina, e é possível perceber a importância da neuróglia para o funcionamento do sistema nervoso e do organismo como um todo.

Atividades de autoavaliação

1. A respeito da história do descobrimento do neurônio, assinale a afirmação **incorreta**:
   a) Camillo Golgi postulava que o sistema nervoso era constituído por uma rede de fibras ininterruptas.
   b) Camillo Golgi foi pioneiro na descrição da estrutura do neurônio.
   c) A técnica de coloração celular utilizada por Santiago Ramón y Cajal que envolvia nitrato de prata foi desenvolvida por Golgi.
   d) A teoria de Ramón y Cajal de que o sistema nervoso é constituído de células individuais distintas sem continuidade entre si é chamada de *doutrina neuronal*.

2. Indique se as afirmações a seguir são verdadeiras (V) ou falsas (F):
   ( ) Para cada neurônio, há uma única célula da glia correspondente.
   ( ) Os oligodendrócitos e as células de Schwann constituem a bainha de mielina.
   ( ) As células da glia têm diversas funções que dão suporte aos neurônios individualmente e ao sistema nervoso como um todo.
   ( ) São exemplos de células da glia: astrócitos, micróglias, dendritos e axônio.
   ( ) Entre as funções das células da glia estão a condução do impulso elétrico, a formação das sinapses, a oxigenação dos neurônios e a consolidação dos ossos cranianos.
   ( ) Os neurônios dependem da neuróglia para realizar adequadamente suas funções.

Agora, assinale a alternativa que corresponde corretamente à sequência obtida:

a) F, V, F, F, V, V.
b) F, V, V, V, F, V.
c) V, F, F, F, F, V.
d) F, V, V, F, F, V.

3. Sobre a estrutura dos neurônios, assinale a afirmação correta:
a) As organelas celulares, essenciais para a manutenção da vida do neurônio, encontram-se no axônio.
b) As ramificações que recebem o impulso nervoso de outros neurônios são chamadas de *dendritos*.
c) A condução elétrica do impulso nervoso ocorre exclusivamente na extensão do axônio.
d) O corpo celular pode ser recoberto por uma camada de gordura chamada de *bainha de mielina*.

4. Leia as definições relativas às classificações dos neurônios de acordo com sua forma e sua função:
I) Neurônios que recebem informações do ambiente.
II) Neurônios que produzem movimento.
III) Neurônios que realizam conexões entre diversos tipos de neurônios.
IV) Neurônios que apresentam apenas corpo celular e um único prolongamento.
V) Neurônios que apresentam apenas um dendrito e um axônio.
VI) Neurônios compostos por um axônio e vários dendritos.

Agora, assinale a alternativa que indica corretamente a correspondência entre cada definição e o tipo de neurônio:

a) I: interneurônios; II: motoneurônios; III: sensoriais; IV: unipolares; V: bipolares; IV: pseudounipolares.
b) I: sensoriais; II: eferentes; III: interneurônios; IV: unipolares; V: bipolares; VI: multipolares.
c) I: sensoriais; II: motoneurônios; III: associativos; IV: bipolares; V: multipolares; IV: unipolares.
d) I: eferentes; II: sensoriais; III: associativos; IV: pseudounipolares; V: bipolares; IV: multipolares.

5. A respeito do potencial de ação, assinale a alternativa correta:
   a) Em um neurônio mielinizado, a corrente elétrica percorre o axônio em toda a sua extensão.
   b) O potencial de ação ocorre dentro da célula nervosa.
   c) A diferença entre os íons no interior do neurônio e os íons em seu exterior impede a passagem da corrente elétrica.
   d) A membrana neuronal permite a passagem de íons, utilizando especialmente canais de sódio e potássio.

Atividades de aprendizagem

Questões para reflexão

1. Desenhe livremente um neurônio, sem consultar qualquer material de apoio e sem se preocupar com a qualidade técnica e/ou artística do desenho. Procure representar as principais estruturas e mecanismos presentes na célula

nervosa, resumindo ao máximo, de forma visual, o conteúdo abordado. Depois, consulte os recursos de estudo que forem necessários e refaça o desenho, corrigindo eventuais equívocos e acrescentando detalhes ao novo desenho.

2. Crie uma tabela ou mapa conceitual que compare os tipos de neurônios, classificados, de acordo com sua forma e sua função, apontando as principais características de cada tipo de neurônio.

Capítulo 2

Sinapse

Considerando-se apenas o aspecto biológico, não há dúvidas de que a base da aprendizagem é o neurônio. No entanto, um neurônio sozinho nada consegue em termos de aprendizagem, é incapaz de aprender isoladamente. A aprendizagem ocorre quando essa célula nervosa se conecta com outras e forma caminhos à medida que tais conexões vão surgindo e se fortalecendo. A **sinapse** nada mais é do que o contato de um neurônio com outro, o que de fato possibilita que a aprendizagem exista.

Esse contato interneuronal raramente é direto – costuma ser intermediado por substâncias químicas chamadas de **neurotransmissores**. Como dois neurônios não costumam tocar-se diretamente, os neurotransmissores formam o principal elo entre essas células, partindo do fim do axônio de um neurônio e chegando ao começo dos dendritos de outro neurônio. Assim como o sinal elétrico que percorre a extensão de um neurônio não passa por dentro da célula, o impulso nervoso não salta diretamente de uma célula nervosa a outra, sendo mediado pelos neurotransmissores.

A sinapse não apenas possibilita o aprendizado, ela já é uma espécie de aprendizagem. À medida que uma sinapse se repete com outros neurônios, estes vão se familiarizando entre si e aprendendo quais substâncias liberar, quais substâncias receber e como modular o resultado dessa interação. Os primeiros contatos feitos entre determinados neurônios costumam ser desajeitados, lentos e imprecisos. À medida que se repetem, as trocas entre os neurotransmissores vão se tornando cada vez melhores, deixando a sinapse mais veloz, precisa e funcional, ou seja, os neurônios aprendem a se comunicar melhor.

Um neurônio pode fazer apenas algumas ou até mais de 200 mil sinapses, conectando-se com poucos ou muitíssimos outros neurônios. Quanto maior o número de sinapses que um neurônio realiza, mais sofisticada tende a ser aquela aprendizagem (embora um número excessivo de sinapses possa mais atrapalhar do que ajudar). Um comportamento complexo exige uma grande teia de conexões entre muitos neurônios: cada neurônio individualmente realiza milhares de sinapses com outros neurônios, que, por sua vez, realizam individualmente outros milhares de sinapses. Embora quantidade não necessariamente signifique qualidade (há o fenômeno, por exemplo, da poda neural, em que o neurônio perde sinapses que não são tão importantes e assim alcança um resultado melhor, como veremos em capítulos seguintes), de maneira geral, o número de sinapses importa. O ajuste fino na conexão entre dois neurônios é igualmente relevante; desse modo, a sinapse se transforma para que duas células próximas se comuniquem melhor, o que chamamos de *plasticidade sináptica*. A complexidade da aprendizagem, portanto, depende da quantidade e da qualidade das sinapses.

2.1 História

No capítulo anterior, vimos que, segundo a teoria mais aceita a respeito do funcionamento do sistema nervoso, proposta por Santiago Ramón y Cajal e chamada de *doutrina neuronal*, os neurônios não formariam uma rede contínua, pois haveria espaços, pequenas interrupções no prolongamento do tecido nervoso. Pois bem, se a doutrina neuronal estava correta, era necessário então explicar como os impulsos nervosos passam de uma célula a outra sem que o contato físico exista.

De lá para cá, foi consolidado o termo *sinapse* para denominar a conexão entre dois neurônios. Essa nomenclatura foi proposta pela primeira vez pelo neurofisiologista inglês Charles Scott Sherrington (1857-1952) em 1897, antes mesmo de o fenômeno ser reconhecido pelos pesquisadores da época. A palavra vem do grego: *syn* significa "junto" e *haptein*, "tocar". Essa etimologia, portanto, aponta para um vínculo, uma união. O termo *sindesma* também chegou a ser considerado, mas *sinapse* acabou prevalecendo.

Só na década de 1930, entretanto, o fenômeno da sinapse começou a ser explicado com maior propriedade. Um aluno de Sherrington, o australiano John Eccles (1903-1997), propôs a teoria da transmissão elétrica: a corrente elétrica de um neurônio afeta o próximo neurônio, que passa a corrente adiante.

Em 1937, o inglês Henry Hallett Dale (1875-1968) propôs uma teoria diferente: a teoria da transmissão química entre neurônios. Segundo essa teoria, quando o impulso elétrico chega ao final da primeira célula, causa a liberação de uma substância que atravessa o espaço entre as células e afeta o próximo neurônio. Na época, a acetilcolina (ACh) era o único neurotransmissor (termo que, no entanto, só surgiu mais adiante) conhecido, por isso considerou-se que a acetilcolina faria esse papel de comunicação intercelular.

Curiosamente, quem comprovou essa teoria da transmissão química com experimentos empíricos foi John Eccles, em 1951. Eccles abandonou suas próprias ideias e teorias diante das novas evidências que encontrou, em um notável exemplo de honestidade científica. Um pouco mais tarde, no final dos anos 1950, quando a microscopia eletrônica se desenvolveu o suficiente para que fosse possível observar diretamente a ocorrência da sinapse, a hipótese da transmissão química foi enfim corroborada e passou a ser amplamente aceita pela comunidade científica

Outra concepção teórica importante foi postulada em 1949 pelo psicólogo canadense Donald Olding Hebb (1904-1985). De acordo com sua teoria, que posteriormente ficou conhecida como *regra de Hebb*, a ativação repetida de impulsos entre dois neurônios leva a uma facilitação duradoura da transmissão entre eles. Em outras palavras, quanto mais frequentemente dois neurônios realizarem sinapses entre si, mais fortes serão essas sinapses no futuro. Assim, Hebb destacou o quanto a plasticidade sináptica é importante para a aprendizagem.

2.2 Sinapse elétrica

Apesar de a hipótese da transmissão elétrica ter sido formulada primeiro, foi a hipótese da sinapse química que ganhou força antes. As pesquisas encontravam transmissões químicas muito mais numerosas em quase todos os tipos de animais investigados. Tais achados fizeram os cientistas suporem que o contato elétrico direto entre dois neurônios fosse muito reduzido ou, até mesmo, nem existisse. Contudo, após um maior número de pesquisas e de novas descobertas, atualmente sabemos que, de fato, as sinapses elétricas existem e estão presentes no sistema nervoso central (SNC) de invertebrados e vertebrados (ainda que continuem sendo minoria).

Figura 2.1 – Ocorrência da sinapse elétrica através de canais iônicos

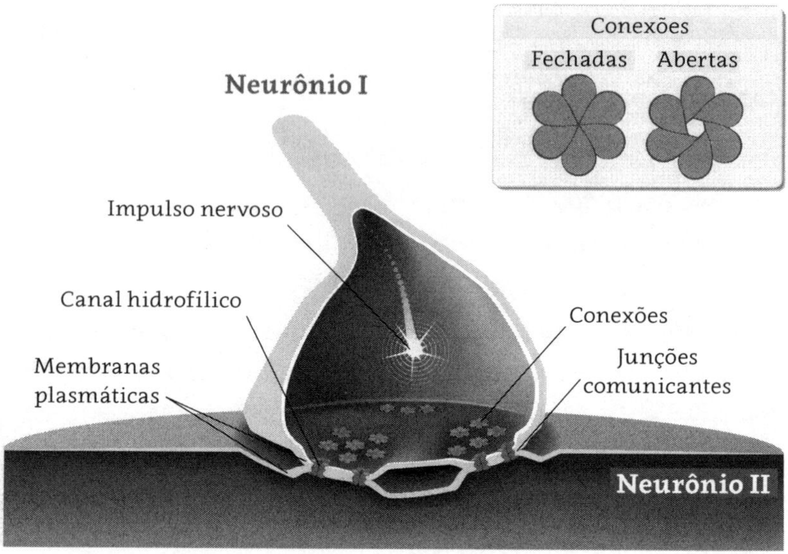

DesignuA/Shutterstock

Como ocorre uma sinapse elétrica? Os neurônios ficam muito próximos um aos outros e deixam um espaço intercelular bastante reduzido. As células são acopladas umas às outras por meio de canais iônicos, que permitem a passagem da informação elétrica. Assim, quando uma célula realiza um potencial de ação, as correntes passam diretamente por meio das junções comunicantes para outra célula.

A grande vantagem desse tipo de sinapse é que a ausência de intermediários químicos faz com que a transmissão seja muito mais rápida do que na sinapse química. Todavia, as sinapses elétricas são incapazes de realizar qualquer processamento da informação, isto é, elas apenas transmitem o impulso tal como o receberam.

Em todo caso, as sinapses elétricas são especialmente úteis quando é necessária a sincronização de uma população de células numerosas, como no caso de células do coração, que precisam ser estimuladas para que se contraiam ao mesmo tempo, criando um batimento cardíaco coordenado.

As sinapses elétricas são mais comuns em animais invertebrados, que apresentam um comportamento mais padronizado e rudimentar. Em animais vertebrados, que exigem um comportamento mais complexo e maior capacidade de processamento da informação, como na espécie humana, as transmissões elétricas entre neurônios são bem menos frequentes e atuam apenas em zonas específicas.

2.3 Sinapse química

Antes de se transformar em sinapse, o impulso neural é elétrico enquanto percorre a membrana do neurônio em seu corpo celular e depois o axônio. Quando chega ao final do axônio, o impulso neural deixa de ser elétrico e se transforma em químico. O potencial de ação dá lugar à sinapse química.

A sinapse química é a sinapse típica, a mais importante e mais frequente no organismo humano. Essa transmissão de informações acontece no espaço físico entre dois neurônios, a **fenda sináptica**. Os neurônios não se encostam – o impulso neuronal "salta" de um neurônio para o outro por essa fenda. O neurônio no qual o salto se inicia é chamado de **neurônio pré-sináptico**, e a aterrissagem ocorre no neurônio chamado de **pós-sináptico**. Mais especificamente, a sinapse acontece entre o axônio do neurônio pré-sináptico (que envia o impulso) e o dendrito do neurônio pós-sináptico (que recebe o impulso).

Figura 2.2 – Elementos presentes em uma sinapse química

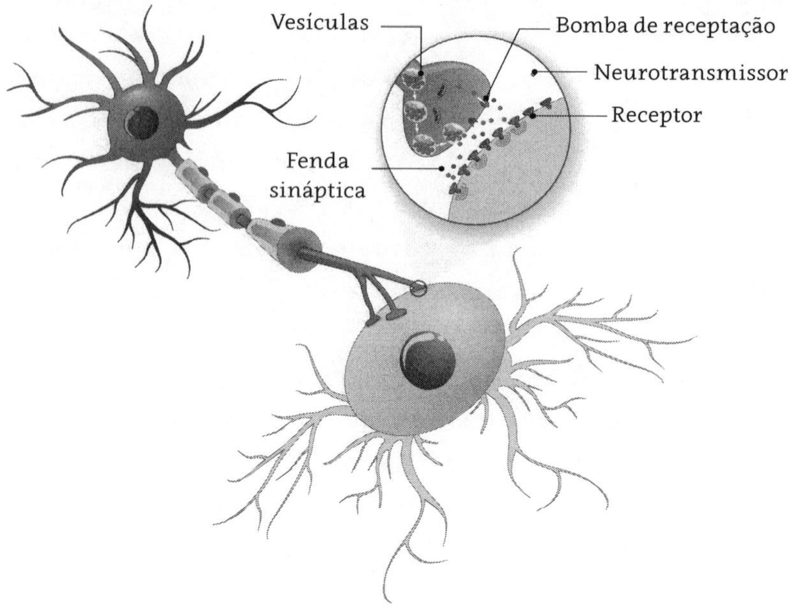

Na parte final do axônio do neurônio pré-sináptico estão presentes as vesículas sinápticas, pequenas esferas que contêm substâncias químicas em seu interior, os neurotransmissores. Quando os potenciais de ação chegam às vesículas sinápticas, há liberação de neurotransmissores na fenda, que então são captados pelo próximo neurônio. Dentro desse neurônio pós-sináptico, os neurotransmissores recebidos geram um novo potencial de ação pós-sináptico.

Ou seja, na sinapse ocorre uma dupla conversão de sinais: a conversão de informação elétrica em informação química e de informação química em informação elétrica. No neurônio pré-sináptico, quando o potencial de ação atinge as vesículas sinápticas e libera determinados neurotransmissores, o que era uma informação neuronal elétrica se transforma em uma informação neuronal química. Do outro lado da fenda, no neurônio pós-sináptico, quando a captação dos neurotransmissores gera um potencial de ação que percorrerá o segundo neurônio, a informação química se transforma em informação elétrica.

Diferentemente do que ocorre na sinapse elétrica, essa dupla conversão permite certa interferência no conteúdo do impulso nervoso, uma vez que a atividade do neurônio pós-sináptico pode ser aumentada, diminuída ou bloqueada. Eis a vantagem da sinapse química: o ajuste da informação entre as células nervosas. O impulso não é simplesmente transmitido de um neurônio para outro, mas transformado e mediado, possibilitando a administração de uma informação mais complexa.

Esse ajuste ocorre principalmente no neurônio pós-sináptico, no qual os neurotransmissores se ligam a receptores específicos, pequenas estruturas presentes nos dendritos que são capazes de absorver os neurotransmissores. A ligação realizada faz com que os canais iônicos da membrana do neurônio se abram ou se fechem. Quando, a partir dessa abertura ou desse fechamento do canal, o neurônio dispara um pulso elétrico, ocorre um **sinal excitatório**; quando não há nenhuma atividade no neurônio, ocorre um **sinal inibitório**.

Uma chave abre e fecha determinada fechadura, e não outras. Da mesma forma, cada neurotransmissor só ativa um tipo específico de receptor no neurônio pós-sináptico, e esse receptor ativado pela chave química do neurotransmissor gera no neurônio um sinal excitatório ou inibitório. Não são os neurotransmissores lançados na fenda sináptica que geram a excitação ou a inibição, mas os receptores que estão no próprio neurônio, uma vez que cada um deles produz um tipo de resposta diferente. Assim, neurotransmissores ativam receptores específicos, que, por sua vez, geram respostas específicas de excitação (liberando o pulso neural) ou inibição (encerrando a continuidade do pulso no neurônio pós-sináptico.

Muitas vezes, no entanto, chaves distintas podem ser muito parecidas e abrir a mesma fechadura. É o que ocorre, por exemplo, com a adenosina e a cafeína. A adenosina é um neurotransmissor inibitório que é liberado em situações que envolvem cansaço e provoca uma reação calmante. A cafeína, porém, apresenta uma estrutura muitíssimo semelhante à da adenosina e, quando está presente em determinada quantidade, ocupa os receptores de adenosina e não permite que esse neurotransmissor provoque seu efeito. Utilizando-se o jargão técnico, a cafeína é um antagonista competidor dos receptores de adenosina (Silva, 2003). É por isso que determinadas substâncias que contêm cafeína, como guaraná, energéticos, chimarrão e o próprio café, retardam a sensação de cansaço e aumentam a disposição – elas bloqueiam as substâncias endógenas que sinalizariam ao corpo tal cansaço.

Se os neurotransmissores liberados pelo neurônio pré-sináptico realizam essa cadeia de eventos, quando eles deixam de ter influência e terminam sua ação? Basicamente, são três os fenômenos que acontecem:

1. Na **receptação**, o neurônio pré-sináptico captura ativamente o neurotransmissor liberado. A substância química, então, volta para o lugar de onde veio, o que permite sua reutilização em um momento posterior.
2. Na **desativação enzimática**, os neurotransmissores que ficaram na fenda sináptica são destruídos por enzimas

específicas para esse fim. Ocorre uma espécie de limpeza das sobras químicas que não são mais úteis naquele momento.

3. Na **autorrecepção**, os neurotransmissores se ligam aos receptores do neurônio pré-sináptico (e não do pós-sináptico, como seria esperado). Essa ligação serve para que o neurônio pré-sináptico saiba a quantidade de neurotransmissores liberados e monitore e regule essa liberação com base na informação coletada.

Se os neurotransmissores realizam a ação a que se destinam conectando-se aos receptores do neurônio pós-sináptico, eles terminam sua ação voltando ao neurônio do qual vieram (pela recaptação ou pela autorrecepção) ou então são destruídos por enzimas.

O funcionamento de uma classe de medicamentos antidepressivos conhecida como *inibidores seletivos de recaptação de serotonina* ilustra bem como um desses fenômenos ocorre. Essas substâncias influenciam na recaptação de neurotransmissores (em especial, a serotonina, que desempenha um papel importante na regulação do humor, como veremos mais adiante). O medicamento impede que os neurônios pré-sinápticos recaptem adequadamente toda a serotonina distribuída, de modo que a quantidade média de serotonina presente é aumentada, o que faz aumentar também a chance de conexão aos receptores dos neurônios pós-sinápticos. A recaptação do neurotransmissor é diminuída para que sua concentração aumente.

A formação de uma sinapse já é uma aprendizagem. Quanto mais frequente, melhor essa sinapse será no futuro, facilitando a transmissão dos neurotransmissores. Uma criança que está aprendendo a andar de bicicleta, por exemplo, está conectando grupos de neurônios em diversas regiões do sistema nervoso que nunca estiveram conectados daquela forma antes. Neurônios em áreas responsáveis pelo equilíbrio, pelo movimento, pela percepção do corpo e do espaço são recrutados e ligados entre si pelas sinapses. A qualidade do sinal entre esses neurônios inicialmente é falha: muitos neurotransmissores liberados não são captados, muitos disparos não são suficientes para superar o limiar de ativação de um novo potencial de ação, e assim por diante. Contudo, à medida que a criança pedala, esses neurônios entram em uma sintonia fina e o processo todo fica mais rápido e preciso, melhorando as sinapses e estabelecendo a aprendizagem.

2.4 Lei do tudo ou nada

A explicação didática do funcionamento sináptico pode fazer parecer que basta apenas um sinal de outro neurônio para que haja um novo disparo neuronal. No entanto, são necessários milhares de sinais (tanto excitatórios quanto inibitórios) para gerar uma alteração elétrica considerável que seja capaz de criar um potencial de ação. Há um limite elétrico que, quando alcançado e/ou superado, gera um novo disparo neural. Abaixo desse limiar, nenhum disparo é gerado. O curioso é que não importa a intensidade dos sinais recebidos, a resposta será sempre a mesma. A força dos sinais pode ser altíssima ou simplesmente pode ter alcançado o valor mínimo que o limiar exige: em qualquer caso, a potência elétrica gerada será sempre rigorosamente a mesma. Assim, se os sinais de outros neurônios não alcançam o limiar de um novo potencial de ação, nada acontece. As sinapses realizadas não são suficientes para que o pulso neural seja levado adiante, e a atividade daquele grupo de neurônios se encerra aí. Se os sinais alcançam ou superam esse limiar, porém, independentemente da intensidade com que chegam, geram o mesmo potencial de ação, e o pulso neural segue para um novo grupo de neurônios.

Essa é a **lei do tudo ou nada** (ou princípio do tudo ou nada): os sinais que chegam precisam atingir certo limite para gerar novos potenciais de ação, mas não interferem na intensidade dos novos sinais disparados. Um neurônio, portanto, ou dispara ou não dispara, e todos os seus disparos são iguais. A única mudança diz respeito à frequência: ele pode disparar muitas vezes em sequência, se a estimulação for muito intensa, ou então poucas vezes, se a estimulação for razoável (apenas suficiente para disparar). Não existe, pois, disparo neural forte ou fraco, mas pouco ou muito frequente. A informação que é transmitida pelo sistema nervoso está relacionada com a repetição do sinal, e não com sua força.

Síntese

A sinapse é o contato realizado entre neurônios. Um neurônio é capaz de fazer centenas de milhares de sinapses e delas depende toda a aprendizagem. Quanto mais complexa for a aprendizagem, mais numerosas e melhores serão essas sinapses. Há dois tipos básicos de sinapses: elétrica e química. A sinapse elétrica foi a primeira a ser proposta teoricamente e a última a ser verificada empiricamente. Ela ocorre pelos canais iônicos que se formam no espaço intercelular reduzido entre neurônios que quase se tocam e consiste na transmissão elétrica entre neurônios sem a mediação de neurotransmissores.

As sinapses químicas são minoria e estão mais presentes em animais invertebrados. Em vertebrados, estão apenas em algumas regiões específicas do corpo, como no caso dos neurônios responsáveis pela sincronização de células cardíacas. A sinapse química, por sua vez, é considerada a sinapse-padrão. Ocorre no espaço entre as células neurais (fenda sináptica), entre o neurônio pré-sináptico e o pós-sináptico. Quando o potencial de ação chega ao final dos axônios, vesículas sinápticas liberam neurotransmissores, que são captados pelos dendritos, gerando um novo potencial de ação caso o limiar seja atingido (de acordo com a lei do tudo ou nada). Os neurotransmissores não captados são, então, recaptados, destruídos por desativação enzimática ou autorrecebidos pelo neurônio pré-sináptico.

Atividades de autoavaliação

1. A respeito da história do descobrimento do neurônio, assinale a afirmação **incorreta**:
   a) O termo *sinapse* foi criado antes de o fenômeno ter sido confirmado pelos pesquisadores.
   b) A teoria da transmissão química entre neurônios foi posterior à teoria da transmissão elétrica.
   c) Quem comprovou a teoria da transmissão química entre neurônios foi o pesquisador que postulou a teoria contrária, a da transmissão elétrica.
   d) A teoria da doutrina neuronal postulava que os neurônios formavam uma rede com espaços destinados à comunicação entre si.

2. A respeito da sinapse elétrica, assinale a alternativa correta:
   a) A sinapse elétrica é mediada por neurotransmissores.
   b) A sinapse elétrica é mais lenta que a sinapse química.
   c) As sinapses elétricas ocorrem com exclusividade nos animais invertebrados.
   d) As sinapses elétricas ocorrem graças a canais iônicos entre os neurônios.

3. Indique se as afirmações a seguir são verdadeiras (V) ou falsas (F):
   ( ) A fenda sináptica é o espaço que existe entre dendritos.
   ( ) As transformações sucessivas dos sinais elétricos em químicos e químicos em elétricos são características das sinapses.
   ( ) Os neurotransmissores são responsáveis pelo contato químico entre os neurônios.
   ( ) O impulso nervoso parte do neurônio pós-sináptico em direção ao neurônio pré-sináptico.
   ( ) Os neurotransmissores são liberados das vesículas sinápticas.
   ( ) Os receptores pós-sinápticos geram respostas de excitação ou inibição.

   Agora, assinale a alternativa que corresponde corretamente à sequência obtida:

   a) F, V, V, F, V, V.
   b) F, V, V, V, F, V.
   c) V, F, V, F, F, V.
   d) V, V, V, F, F, V.

4. A seguir, está elencada, fora de ordem, uma série de eventos envolvidos na sinapse:
    I) O potencial de ação chega ao final do axônio do neurônio pré-sináptico.
    II) Vesículas sinápticas liberam neurotransmissores.
    III) Um novo potencial de ação é formado caso os sinais excitatórios e inibitórios atinjam determinado limiar.
    IV) Receptores pós-sinápticos são ativados pelos neurotransmissores e geram sinais excitatórios ou inibitórios.
    V) Neurotransmissores são captadores pelos dendritos do neurônio pós-sináptico.

    Agora, assinale a alternativa que indica corretamente a sequência de eventos que ocorrem em uma sinapse:

    a) I, IV, III, II, V.
    b) I, II, V, IV, III.
    c) I, IV, V, II, III.
    d) II, V, IV, III, I.

5. Qual das alternativas a seguir **não** corresponde aos fenômenos relacionados com o fim da influência de neurotransmissores?
    a) Os neurotransmissores se conectam a receptores do neurônio pré-sináptico para que este monitore a liberação (autorrecepção).
    b) O neurônio pré-sináptico captura os neurotransmissores recém-liberados para uma utilização posterior (recaptação).

c) O neurônio pós-sináptico envia neurotransmissores antagonistas, que neutralizam a ação dos neurotransmissores originais (neutralização).

d) Os neurotransmissores que ficam na fenda sináptica são destruídos por enzimas específicas (desativação enzimática).

Atividades de aprendizagem

Questões para reflexão

1. Compare sinapses elétricas e químicas, levando em consideração os seguintes critérios: história do descobrimento, modo de funcionamento, frequência, vantagens e desvantagens.

2. Para ampliar a compreensão do fenômeno estudado e desenvolver uma habilidade descritiva, procure realizar o seguinte desafio: explique o funcionamento de uma sinapse química sem utilizar os termos *neurônio*, *neurotransmissores*, *potencial de ação*, *receptores*, *dendrito(s)* e *axônio*.

Capítulo 3

Neurotransmissores

Se as sinapses são as conexões entre os neurônios, os **neurotransmissores** são as substâncias químicas que funcionam como mensageiros que possibilitam tal conexão no interior da fenda sináptica e, em uma visão mais ampla, que permitem que as informações neuronais se espalhem por todo o sistema nervoso. Existem mais de 60 neurotransmissores e sua atividade modula todas as nossas emoções, pensamentos e comportamentos.

Na maior parte das sinapses, não há a liberação de apenas um ou de alguns poucos neurotransmissores. Eles são liberados e recebidos com uma variabilidade bastante grande. Além disso, atuam em conjunto; eles interagem e ampliam a complexidade da transmissão neuronal à medida que os receptores dos neurônios pós-sinápticos também aprendem a responder a esse grande espectro de mensageiros.

Apesar de existirem em número elevado e atuarem de maneira múltipla, alguns neurotransmissores específicos têm maior destaque e papel mais conhecido, como a acetilcolina, a epinefrina, a norepinefrina, a serotonina, a dopamina, o GABA (ácido gama-aminobutírico), o glutamato e as endorfinas. Cada um deles desempenha papéis próprios e, quando são liberados em excesso ou há carência de sua concentração no sistema nervoso, há uma desregulação de atividades mentais, quadros de doenças ou até mesmo a impossibilidade do funcionamento adequado do organismo como um todo. Na sequência, veremos as características de alguns dos neurotransmissores mais conhecidos.

3.1 História

A primeira vez que uma comunicação química no sistema nervoso foi demonstrada com métodos científicos foi em 1921. Conta-se que o neurocientista austríaco Otto Loewi (1873-1961) teve a ideia de fazer um experimento durante um sonho e correu para o laboratório à noite para não correr o risco de se esquecer de como realizá-lo. Loewi colocou dois corações de sapo em recipientes distintos, ligados entre si apenas por um líquido que envolvia tais órgãos. Ambos os corações estavam em funcionamento; um deles apresentava nervo vago (responsável por reduzir o batimento cardíaco), o outro não. Quando o nervo vago do primeiro coração foi estimulado, esse coração começou a bater de forma mais lenta e, algum tempo depois, o segundo coração também teve sua frequência cardíaca diminuída. A conclusão a que Loewi chegou foi a de que substâncias químicas teriam sido liberadas pelo nervo. E assim se iniciou a pesquisa a respeito dos neurotransmissores.

Outro grande pesquisador pioneiro na área dos neurotransmissores foi o fisiologista britânico Henry Hallett Dale (1875-1968), amigo de Otto Loewi. Os dois dividiram o Prêmio Nobel de Medicina e Fisiologia de 1936 em razão de suas descobertas à época. Embora não seja considerada válida atualmente, Henry Dale formulou uma afirmação que ficou bastante famosa, conhecida como *lei da Dale*: cada neurônio é capaz de produzir e liberar apenas um neurotransmissor e este único neurotransmissor liberado tem um efeito associado ao neurônio pós-sináptico.

Dale atribuiu nome aos neurônios de acordo com os neurotransmissores que ele achava que liberavam. Os que liberavam acetilcolina foram chamados de *colinérgicos*; os que liberavam serotonina, de *serotoninérgicos*; os que liberavam noradrenalina, de *adrenérgicos*; e assim e por diante.

Como mencionamos, atualmente a lei de Dale não é mais considerada válida, uma vez que estudos demonstraram que um neurônio não libera um tipo exclusivo de neurotransmissor, mas produz, contém e libera diversos tipos. No entanto, herdamos de Dale a nomenclatura atribuída a mensageiros químicos, a que chamamos *neurotransmissores*, e o uso do sufixo *-érgico* para designar os diferentes tipos de neurônios de acordo com os principais neurotransmissores associados.

3.2 Acetilcolina

A acetilcolina foi o primeiro neurotransmissor descoberto. Está especialmente presente nas ligações entre nervos e músculos, fazendo com que os músculos realizem o relaxamento ou a contração. Desempenha, portanto, papel importante na regulação do controle motor.

É possível perceber a ação da acetilcolina na atividade muscular observando a ação da toxina botulínica, conhecida popularmente como botox. Essa toxina inibe a liberação de acetilcolina, ou seja, faz com que o neurônio pré-sináptico diminua a quantidade de acetilcolina liberada na fenda sináptica. É por isso que, quando utilizada em pequenas doses em determinadas partes do corpo, tem a ação de paralisar os músculos que produzem as rugas, o que traria uma aparência mais jovem. Se a acetilcolina faz os músculos faciais relaxarem, a toxina botulínica corta sua liberação e paralisa os músculos das rugas. O efeito da toxina botulínica, apesar de ser bastante eficiente, é temporário; com o tempo, o organismo volta a liberar acetilcolina como antes.

Além do controle motor, a acetilcolina também é responsável por processos psicológicos como a aprendizagem, a memória, o sono e o sonho. Todos esses fenômenos psíquicos, ainda que pareçam bastante diferentes entre si, estão relacionados: sabe-se, por exemplo, que o sono desempenha um papel crucial na aprendizagem e na consolidação da memória de longo prazo. O que todos esses fenômenos têm em comum é o papel da acetilcolina. A importância desse neurotransmissor também é observada em alguns quadros patológicos, como a doença de Alzheimer, em que ocorre uma diminuição da acetilcolina.

3.3 Epinefrina e norepinefrina

O organismo humano conta com mecanismos para perceber mudanças no ambiente e responder rapidamente a elas. Simplificadamente, podemos chamá-los de *mecanismos de atenção e excitação* (que, se não respondem diretamente aos estímulos do ambiente, no mínimo preparam o organismo para agir). Os neurotransmissores envolvidos com a atenção e a excitação são a epinefrina e a norepinefrina.

A **epinefrina** (ou **adrenalina**) tem como função preparar o organismo para uma resposta de luta ou fuga em condições ambientais de ameaça ou estresse. A liberação desse neurotransmissor pelo corpo todo promove a elevação da frequência dos batimentos cardíacos e do nível de açúcar no sangue, a diminuição do fluxo de sangue no sistema intestinal e o aumento desse fluxo na musculatura e a liberação da energia presente nas células adiposas – todas reações para garantir a sobrevivência diante de um perigo iminente. Em uma situação de perigo (por exemplo, ao se encontrar uma cobra durante uma trilha na floresta), a liberação de epinefrina faz o coração bater mais rápido e mais sangue fluir para as pernas e para os braços para que uma reação de fuga (ou eventualmente até de luta) tenha mais chances de ser bem-sucedida.

A **norepinefrina** (ou **noradrenalina**) também está envolvida com os estados de excitação do corpo, mas utiliza um ajuste mais refinado que controla a atenção. Depois de afastado o perigo (considerando-se que a cobra já está a uma distância segura, por exemplo), a norepinefrina auxilia na regulação da atenção para outros estímulos (ao se procurar, durante a trilha, a presença de outras cobras ou perigos similares). Esse neurotransmissor causa efeitos também no humor, na alimentação e no sono.

O organismo humano foi forjado durante a evolução para responder a determinados estímulos. O mundo de hoje é diferente daquele em que viveram os ancestrais de quem herdamos o cérebro como conhecemos atualmente, mas reagimos da mesma forma, como se os perigos fossem os mesmos. A epinefrina liberada em situações de luta ou fuga garantia a sobrevivência no passado, quando o perigo envolvia o confronto com outros animais. Hoje, não precisamos lutar com feras para sobreviver (matamos um leão por dia apenas figurativamente), mas a reação corporal diante de ameaças contemporâneas (como um boleto atrasado, uma possibilidade de demissão ou problemas no trânsito) é a mesma. O estresse atual se deve muito às reações corporais ligadas à liberação de epinefrina e norepinefrina (entre outras substâncias) diante de condições modernas a que reagimos como se fossem perigos pré-históricos (Sapolsky, 2007).

3.4 Serotonina

A serotonina está relacionada com muitas funções psicológicas, especialmente com a regulação de estados emocionais. Índices reduzidos de serotonina estão associados a quadros de ansiedade, tristeza e depressão. Conforme mencionamos no capítulo anterior, há um tipo de medicamento antidepressivo que age justamente na regulação da serotonina presente no cérebro. São os inibidores seletivos de recaptação de serotonina, que diminuem a recaptação desse neurotransmissor pelo neurônio pré-sináptico, o que faz com que o nível de serotonina aumente no ambiente exterior à célula, havendo maior disponibilidade para que essa substância possa se conectar ao neurônio pós-sináptico. Esses inibidores aumentam, portanto, a atuação da serotonina no neurônio final, diminuindo sua recaptação pelo neurônio inicial. O efeito da presença maior de serotonina é uma elevação no estado de humor, diminuindo um dos sintomas depressivos.

Além da regulação do humor, a serotonina também age na saciedade (e no controle do apetite), no desejo sexual e nos sonhos.

3.5 Dopamina

A dopamina tem uma relação íntima com a motivação. Um nível maior de dopamina costuma reforçar estímulos e comportamentos que trazem recompensas, como comer, beber, ter relações sexuais ou utilizar algumas substâncias químicas. As áreas cerebrais relacionadas com esses comportamentos prazerosos são chamadas de *sistema de recompensas*, do qual participam, por exemplo, a área tegmental ventral, o estriado, o lobo frontal e a substância negra.

Figura 3.1 – Áreas cerebrais envolvidas no sistema de recompensa

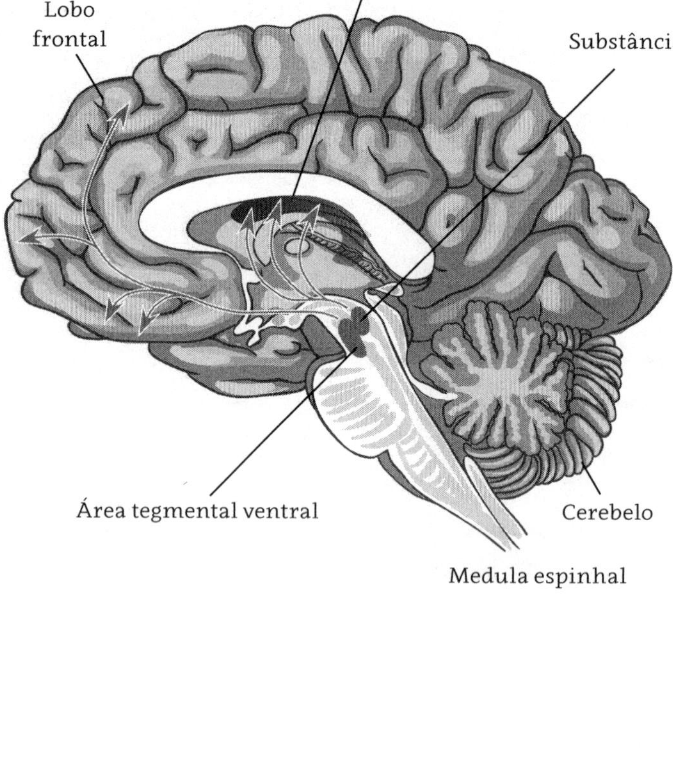

Vasilisa Tsoy/Shutterstock

Não é de surpreender que todos esses comportamentos possam se tornar viciantes. O vício não é relacionado apenas às drogas ilícitas, como a cocaína, potencialmente viciante; existem também compulsões alimentares, vício em sexo, vício em drogas lícitas, como o álcool e o cigarro, e mesmo em substâncias que parecem inócuas, como o café. O circuito neuroquímico do vício é complexo, mas envolve o circuito neural do sistema de recompensa, que tem como um de seus principais elementos a dopamina.

A dopamina também está associada à doença de Parkinson, causada pela perda gradual de neurônios dopaminérgicos, em especial em uma região cerebral denominada *substância negra*. A perda de neurônios que produzem a dopamina ocasiona a perda de alguns movimentos (há presença de tremores e rigidez muscular) e, em estágios avançados da doença, a diminuição do humor e perdas cognitivas.

3.6 GABA e glutamato

GABA é a sigla referente a *gamma-aminobutyric acid* (ácido gama-aminobutírico). O papel desse neurotransmissor é inibir os potenciais de ação, agindo na diminuição da ansiedade. O glutamato, por sua vez, desempenha um papel oposto, aumentando os potenciais de ação; atua também na aprendizagem e na memória.

Com a inibição dos potenciais de ação dos neurônios por todo o cérebro, o **GABA** regula a excitabilidade sináptica e evita um descontrole elétrico da atividade nervosa – é uma espécie de freio ou anteparo que limita uma atividade elétrica do sistema nervoso ao nível do que seria saudável. Crises de epilepsia, que são justamente atividades elétricas excessivas e fora dos padrões, podem ser associadas a um baixo nível de GABA, embora inúmeros outros fatores também estejam presentes.

O papel oposto do **glutamato**, um neurotransmissor excitatório, ao aumentar os potenciais de ação, possibilita que o cérebro se comunique rapidamente e fortaleça suas conexões sinápticas. Uma liberação em excesso de glutamato também pode causar uma superexcitação nervosa e levar a uma crise epilética em algumas situações.

3.7 Endorfinas

As endorfinas são neurotransmissores responsáveis pela minimização da dor. Se fármacos como a morfina e a heroína são capazes de mitigar a dor corporal, as endorfinas são uma espécie de morfina interna natural, uma defesa própria do organismo contra o estímulo incômodo. A capacidade do organismo de gerar os próprios analgésicos é o que torna possível, por exemplo, que alguém que tenha sofrido um ferimento grave em um acidente não sinta dor proporcional ao ferimento, que poderia ser muito difícil de suportar nos momentos iniciais. Nesses casos, a endorfina age em conjunto com outros neurotransmissores.

Além de atuarem no controle da dor, as endorfinas desempenham um papel no sistema de recompensa, assim como a dopamina. Costuma-se afirmar que a sensação de bem-estar e de bom humor após a prática de atividades físicas é decorrente da liberação das endorfinas. Embora possa haver de fato uma contribuição, a literatura científica é contraditória a esse respeito e tende a indicar que o bem-estar é resultado do conjunto de diferentes mecanismos psicológicos e fisiológicos que relacionam a pessoa, o exercício e o ambiente (Werneck; Bara Filho; Ribeiro, 2005).

3.8 Agonistas e antagonistas

Os neurotransmissores não agem sozinhos, isto é, eles interagem entre si. Além disso, outras substâncias atuam em conjunto com os neurotransmissores. Fármacos e toxinas influenciam neurotransmissores, modificando sua intensidade. As substâncias que intensificam a ação dos neurotransmissores são chamadas de *agonistas*, e as substâncias que inibem os neurotransmissores são chamadas de *antagonistas*.

Os **agonistas** agem de três maneiras para potencializar os neurotransmissores. Podem aumentar a produção destes, aumentando também a concentração na vesícula pré-sináptica e fazendo com que mais neurotransmissores sejam liberados. Podem bloquear a recaptação de neurotransmissores, fazendo com que uma quantidade menor dos que sobram no processo volte ao neurônio pré-sináptico, deixando uma quantidade maior na fenda sináptica. Ou, ainda, podem mimetizar um neurotransmissor específico, ou seja, ligar-se com os receptores pós-sinápticos, fazendo-se passar pelo neurotransmissor original. Por exemplo, a nicotina, o princípio ativo do tabaco, presente principalmente no cigarro, é um agonista da acetilcolina, pois aumenta sua liberação em algumas partes do cérebro.

Os **antagonistas** também apresentam três formas de diminuir a ação dos neurotransmissores. Podem diminuir a liberação destes, criando uma menor concentração dentro da vesícula pré-sináptica. Podem destruir os neurotransmissores que estão presentes na fenda sináptica. Ou, ainda, podem mimetizar um neurotransmissor específico e impedi-lo de se conectar ao receptor pós-sináptico original (caso da cafeína e da adenosina, citado anteriormente). A toxina botulínica, a que já nos referimos, é um antagonista da acetilcolina, por diminuir a quantidade de liberação desse neurotransmissor.

Assim, substâncias externas ao organismo, como remédios e drogas das mais diferentes naturezas, influenciam a atividade química cerebral agindo como agonistas ou antagonistas, potencializando ou minimizando as atividades dos neurotransmissores.

3.9 Transtornos de humor

Costuma-se afirmar que muitos transtornos psicológicos relacionados ao humor, como a depressão, devem-se a uma desregulação de alguns neurotransmissores, como a dopamina e a serotonina, reduzindo-se o transtorno mental apenas à sua dimensão neurobiológica. Por isso o papel de algumas drogas antidepressivas seria justamente realizar o equilíbrio. Porém, é possível perguntar: Qual é a causa e qual é a consequência? O desequilíbrio químico do cérebro levaria a um comportamento depressivo que não valorizaria os estímulos do ambiente? Ou um ambiente desestimulante modificaria o comportamento e o equilíbrio químico existente no cérebro? Ambas as hipóteses podem estar corretas, razão pela qual o tratamento para a depressão envolve psicoterapia, terapia medicamentosa ou ambos os tratamentos, dependendo de cada caso individualmente. De qualquer modo, os estados de humor são regulados por neurotransmissores, e os transtornos de humor estão correlacionados com certo desequilíbrio dessas substâncias químicas, assim como muitos outros quadros de doenças ou de alterações no desenvolvimento.

Síntese

Existem mais de 60 neurotransmissores, cuja atividade modula todas as nossas emoções, pensamentos e comportamentos. Na maior parte das sinapses, não há a liberação de apenas um ou de poucos neurotransmissores. Eles são liberados e recebidos com grande variabilidade, atuando conjuntamente e ampliando a complexidade da transmissão neuronal. Alguns neurotransmissores têm maior destaque e papel mais conhecido. A acetilcolina é responsável pelo controle motor e por processos psicológicos como a aprendizagem, a memória, o sono e o sonho. A epinefrina e a norepinefrina estão envolvidas no processo de excitação e no mecanismo da atenção. A serotonina regula as emoções e faz o controle de impulsos e sonhos. A dopamina está presente no sistema de recompensa, na motivação e no controle da motricidade. O GABA realiza a inibição dos potenciais de ação e desempenha um papel na diminuição da ansiedade, enquanto o glutamato realiza o aumento dos potenciais de ação e age também na aprendizagem e na memória.

As endorfinas estão relacionadas com a diminuição da dor e com o sistema de recompensa. Fármacos e toxinas podem atuar sobre os neurotransmissores, potencializando (agonistas) ou diminuindo (antagonistas) sua ação.

Indicações culturais

TEMPO de despertar. Direção: Penny Marshall. EUA, 1990. 121 min.

Baseado no livro homônimo de Oliver Sacks, o enredo é inspirado na história real de um grupo de pacientes em um clínica norte-americana na década de 1960 que sofriam de encefalite encefálica, um quadro que os deixava adormecidos por décadas. O surgimento de uma droga chamada L-DOPA, precursora da dopamina, possibilitou que os pacientes acordassem de sua letargia e buscassem retomar sua vida. No entanto, a administração da dosagem correta de L-DOPA mostra-se bastante difícil e é possível perceber o quanto a dopamina em quantidades maiores ou menores vai afetando diversos comportamentos dos pacientes. A obra cinematográfica condensa em alguns personagens a história de vários pacientes atendidos pelo neurologista Oliver Sacks, que no livro são descritos em maiores detalhes. Tanto o livro quanto o filme, para além de seu valor artístico, são muito indicados para se refletir acerca da influência dos neurotransmissores mesmo em comportamentos bastante complexos.

Atividades de autoavaliação

1. A seguir, estão relacionadas as principais funções de alguns neurotransmissores:
   I) É responsável pelo mecanismo de excitação.
   II) Regula as emoções e faz o controle de impulsos.
   III) Está associada à diminuição da dor e ao sistema de recompensa.
   IV) É responsável pelo mecanismo de atenção.

   Agora, assinale a alternativa que indica a correta correspondência entre as funções citadas e os neurotransmissores:

   a) I: norepinefrina; II: serotonina; III: endorfina; IV: epinefrina.
   b) I: norepinefrina; II: endorfina; III: serotonina; IV: epinefrina.
   c) I: epinefrina; II: dopamina; III: GABA; IV: norepinefrina.
   d) I: epinefrina; II: serotonina; III: endorfina; IV: norepinefrina.

2. A seguir, estão relacionadas as principais funções de alguns neurotransmissores:
   I) Participa do sistema de recompensa e do controle da motricidade.
   II) Aumenta os potenciais de ação e participa da aprendizagem e da memória.
   III) Inibe os potenciais de ação e diminui a ansiedade.
   IV) É responsável pelo controle motor e pelos processos de aprendizagem, memória, sono e sonho.

Agora, assinale a alternativa que indica a correta correspondência entre as funções citadas e os neurotransmissores:

a) I: dopamina; II: GABA; III: glutamato; IV: acetilcolina.
b) I: dopamina; II: glutamato; III: GABA; IV: acetilcolina.
c) I: acetilcolina; II: glutamato; III: GABA; IV: serotonina.
d) I: serotonina; II: glutamato; III: GABA; IV: acetilcolina.

3. A respeito da história do descobrimento dos neurotransmissores, assinale a afirmação **incorreta**:
   a) Segundo a lei de Dale, cada neurônio seria capaz de produzir e liberar apenas um neurotransmissor.
   b) O primeiro neurotransmissor descoberto foi a acetilcolina.
   c) O sufixo *-érgico*, presente em *serotoninérgico*, significa que esse neurônio está associado à produção e liberação de serotonina.
   d) A lei de Dale é ainda considerada válida atualmente.

4. A respeito dos neurotransmissores, assinale a alternativa correta:
   a) Os neurotransmissores são os mensageiros que conduzem as informações dentro dos neurônios.
   b) Os neurônios liberam e recebem diversos tipos de neurotransmissores ao mesmo tempo.
   c) Cada neurotransmissor consegue atuar isoladamente, sem interferência dos demais.
   d) Nem todos os comportamentos, pensamentos ou emoções contam com a participação de neurotransmissores

5. A seguir, estão descritas as ações realizadas por agonistas e antagonistas dos neurotransmissores:
   I) Aumento da produção de neurotransmissores no neurônio pré-sináptico.
   II) Destruição de neurotransmissores na fenda sináptica.
   III) Bloqueio da receptação de neurotransmissores no neurônio pós-sináptico.
   IV) Diminuição da liberação de neurotransmissores no neurônio pré-sináptico.

   Agora, assinale a alternativa que relaciona corretamente os dois tipos de substâncias às ações apresentadas:

   a) Agonistas: II, IV; antagonistas: I, III.
   b) Agonistas: I, III; antagonistas: II, IV.
   c) Agonistas: I, IV; antagonistas: II, III.
   d) Agonistas: II, III; antagonistas: I, IV.

Atividades de aprendizagem

Questões para reflexão

1. Organize em uma tabela as principais características e funções dos neurotransmissores estudados, de modo que as informações estejam apresentadas de uma forma visualmente clara e objetiva.

2. Produza um mapa conceitual ou um esboço gráfico que apresente as ações de agonistas e antagonistas.

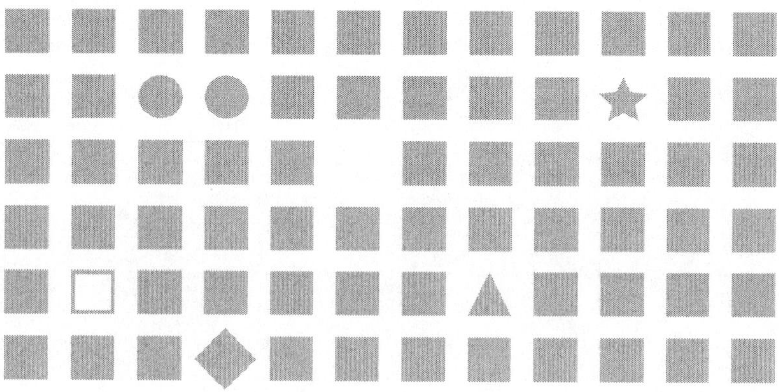

Capítulo 4

Surgimento do sistema nervoso

O sistema nervoso humano é altamente complexo. Contemplar essa complexidade em um ser humano adulto já é uma experiência fascinante, mas procurar conhecer sua origem transforma essa experiência em algo ainda maior. De onde vem o sistema nervoso? Essa indagação permite (pelo menos) dois tipos de respostas.

Um tipo de resposta possível diz respeito à origem no desenvolvimento da própria pessoa. Dá-se o nome de *ontogenia* ao estudo dos primórdios e das mudanças contínuas que o organismo sofre desde a fecundação até a idade adulta, passando por diferentes fases e transformações ao longo da vida. O estudo da ontogenia possibilita a discussão de questões a respeito de como sistema nervoso é formado no útero materno, de onde vêm os neurônios e quais são seus mecanismos de formação.

Mas a origem do sistema nervoso também pode ser descrita considerando-se o processo evolutivo da espécie humana. O estudo da origem e evolução de uma espécie, no qual se discute também a proximidade evolutiva entre diferentes espécies, é chamado de *filogenia*. Observar como o sistema nervoso evoluiu em nossa espécie e compará-lo ao de outros animais possibilita uma compreensão mais refinada de seu estado atual. A filogenia auxilia também na discussão a respeito da possibilidade de se afirmar que o cérebro humano é melhor ou mais evoluído do que o de outras espécies e da questão de onde e como se configurou o estado atual do cérebro humano. Podemos perguntar ainda: Será que o desenvolvimento individual repete de alguma maneira o desenvolvimento da espécie?

4.1 Desenvolvimento ontogenético do sistema nervoso central

No processo de formação do sistema nervoso (e de todo o restante do organismo humano), a fase embrionária se estende até a oitava semana de gestação (quando os principais órgãos são esboçados); da nona semana em diante, ocorre a chamada *fase fetal* (quando há o amadurecimento dos órgãos e a delimitação de suas estruturas definitivas). Observe a Figura 4.1. A descrição da origem do sistema nervoso no desenvolvimento individual, no entanto, deve remeter ao início de um novo organismo, na própria fecundação. A fecundação origina o **zigoto**, que se multiplica ordenadamente até a formação da **blástula**. A blástula já é uma estrutura suficientemente complexa para apresentar camadas, que são os três folhetos de células (Figura 4.2): o **endoderma** (que formará o pulmão e os órgãos do sistema digestório), o **mesoderma** (que formará a musculatura voluntária, os ossos, o sistema circulatório, o sistema excretor e o sistema reprodutor) e o **ectoderma** (que mais tarde formará o sistema nervoso e a pele).

Figura 4.1 – Embriogênese humana

Silbervogel/Shuttestock

O ectoderma desenvolve então um processo conhecido como *neurulação*. O ectoderma forma uma **placa neural** que se dobra sobre si mesma e, nessa curvatura, cria o **sulco central**, como uma suave concavidade em uma folha de papel levemente dobrada.

Figura 4.2 – Folhetos embrionários

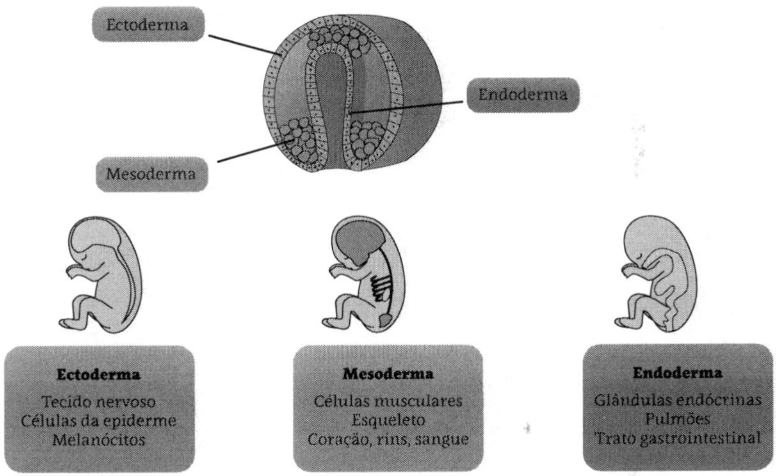

Ellepigrafica/Shuttestock

À medida que o sulco central se aprofunda e se arredonda, vai dando forma ao **tubo neural**, um canal abaulado composto pelas células que mais tarde originarão a medula espinhal e todo o restante do sistema nervoso central (SNC). O tubo neural é então envolvido pelo restante do ectoderma não neural e as extremidades se fecham (Figura 4.3).

Figura 4.3 – Formação do tubo neural

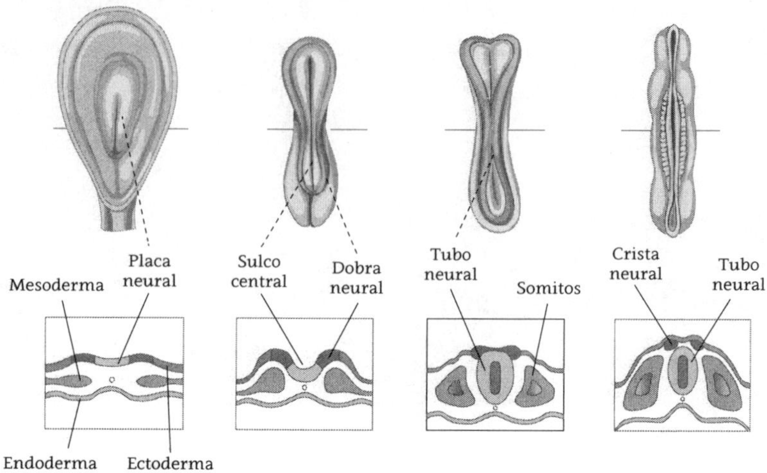

Vasilisa Tsoy/Shutterstock

A evolução do desenvolvimento do embrião forma três ventrículos que correspondem ao encéfalo primitivo: o **prosencéfalo**, o **mesencéfalo** e o **rombencéfalo** (Figura 4.4). A partir de então, essas estruturas crescerão e se dobrarão sobre si mesmas, sofrendo diferenciação e formando novas estruturas que resultarão no sistema nervoso do feto. O rombencéfalo, por exemplo, se dividirá em mielencéfalo (que originará a medula) e em metencéfalo (que originará a ponte e o cerebelo). O prosencéfalo, por sua vez, se dividirá em diencéfalo (a origem do tálamo) e em telencéfalo (a origem dos hemisférios cerebrais). O mesencéfalo continuará ser a mesma estrutura ao longo do tempo, mas ficará mais complexa.

O córtex cerebral, uma das estruturas mais sofisticadas de todo o sistema nervoso, está presente na superfície dos hemisférios cerebrais e, embora o bebê já nasça com esse córtex praticamente pronto do ponto de vista de sua estrutura, seu desenvolvimento total ocorrerá apenas após o nascimento, prolongando-se até a idade adulta. Os três ventrículos embrionários (prosencéfalo, mesencéfalo e rombencéfalo) dão início à formação de todo o SNC desde cedo, mas seu desenvolvimento só será concluído muito mais tarde, fora do útero materno.

Figura 4.4 – Diferenciação dos ventrículos embrionários

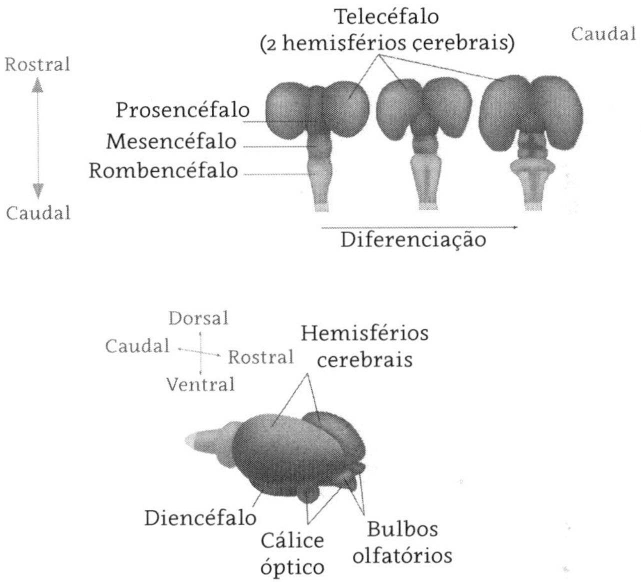

Vasilisa Tsoy/Shutterstock

A malformação do tubo neural pode levar a quadros de anencefalia ou de espinha bífida (Figura 4.5). Na anencefalia, boa parte do cérebro e da calota craniana não é formada. A espinha bífida se manifesta de três maneiras: a espinha bífida oculta (geralmente sem maiores sintomas), a meningocele (que apresenta as meninges expostas na região das costas) e a mielomeningocele (que, além das meninges, expõe a medula e alguns nervos).

Figura 4.5 – Formação do tubo neural

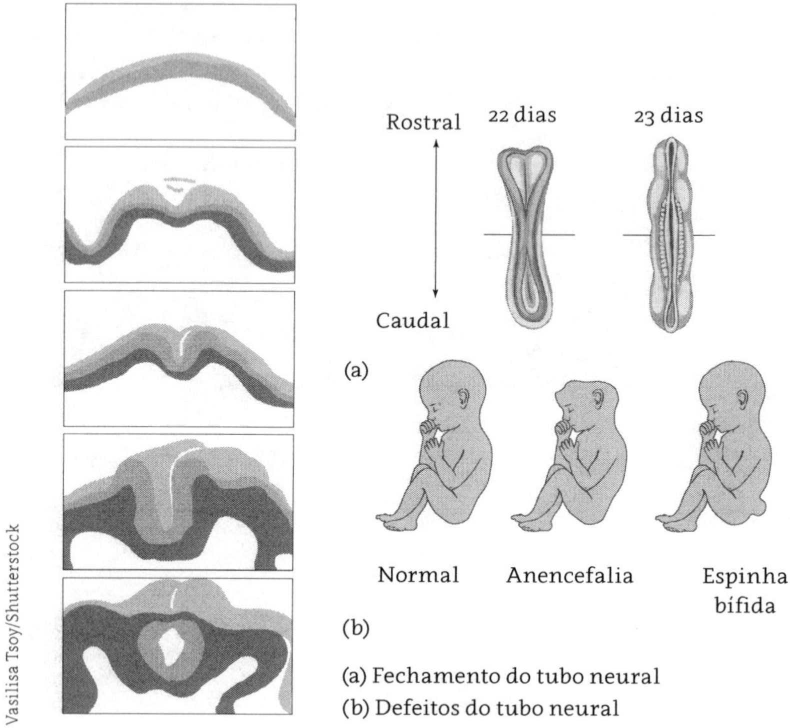

(a) Fechamento do tubo neural
(b) Defeitos do tubo neural

Uma das possíveis causas desses quadros é a deficiência de ácido fólico, por isso se recomenda às gestantes a ingestão desse suplemento na fase inicial da gestação.

4.1.1 Mecanismos de formação e distribuição neural

O modo como os neurônios são formados e distribuídos para a construção completa do SNC caracteriza outro aspecto notável da ontogênese. Os mecanismos que permitem que isso ocorra são a proliferação, a migração e a diferenciação neural.

A **proliferação neural** diz respeito à criação de novos neurônios (neurogênese). Um recém-nascido tem todas as regiões cerebrais de um adulto, o que significa que praticamente todos os neurônios são gerados durante a gestação. Os neurônios que constituem o córtex cerebral são formados no primeiro quarto da gestação, antes do segundo mês. Porém, a formação das células nervosas não costuma ocorrer nos locais em que elas ficarão situadas definitivamente.

A maior parte das células muda de lugar, o que caracteriza a **migração neural**. Os neurônios que formam o córtex cerebral vêm de outra área, uma região chamada de *zona ventricular*, que fica ao lado dos ventrículos do cérebro em desenvolvimento. A célula que sai da zona ventricular é indiferenciada e, quando chega ao lugar-alvo, pode se tornar tanto uma célula da glia quanto um neurônio. Os primeiros neurônios que migram ficam nas camadas mais profundas, e os últimos a chegar se estabelecem nas camadas mais superficiais, de modo que o córtex cerebral é construído de dentro para fora.

O terceiro mecanismo é a **diferenciação neural**, que corresponde às transformações pelas quais a célula passa durante sua formação. Já durante a migração e principalmente quando os novos neurônios se estabelecem, há uma gradativa diferenciação para que a célula nervosa desenvolva sua forma (crescendo em volume e desenvolvendo dendritos), sua bioquímica (sintetizando moléculas que serão utilizadas no futuro) e a função a que se destina (fazendo surgir e amadurecer os sinais elétricos).

Os mecanismos de criação, transporte e transformação de neurônios completam o processo de formação do SNC, que se inicia no embrião e culmina na formação do cérebro do bebê, que, se ainda não tem todas as conexões que estão presentes em adultos, ao menos já conta com praticamente todos os neurônios que acompanharão o indivíduo ao longo da vida. Alterações na formação de neurônios e ou em sua migração também podem levar à constituição de um córtex com uma arquitetura desorganizada, como ocorre, por exemplo, na síndrome alcoólica fetal, quadro em que o bebê é afetado de diversas formas pelo consumo de álcool durante a gestação.

4.2 Desenvolvimento filogenético do sistema nervoso central

Ao observar o desenvolvimento embrionário, é possível perceber que existe uma grande semelhança entre o embrião humano (e mesmo o feto humano) e os embriões (e fetos) de outros mamíferos. Charles Darwin (1809-1882), o famoso biólogo criador da teoria da seleção natural, apontou que, quanto mais jovem o embrião, maior a semelhança entre os animais vertebrados. Ainda que os animais adultos sejam extremamente diferentes, é difícil diferenciar o embrião de uma tartaruga do embrião de um coelho nas primeiras semanas, por exemplo. Apenas um especialista seria capaz de diferenciá-los.

Com base nessa observação, o anatomista alemão Ernst Haeckel (1834-1919) postulou a **lei biogenética**, também conhecida como **lei da recapitulação:** a ontogenia recapitula a filogenia. Ou seja, o desenvolvimento de um organismo repete fase a fase o desenvolvimento dos adultos ancestrais daquela espécie, como se um embrião humano, por exemplo, passasse pelas fases de peixe, salamandra, tartaruga, galinha, porco, carneiro e coelho antes de, de fato, tornar-se humano.

Figura 4.6 – Embriões de um anfíbio, de uma ave e de um mamífero em três diferentes estágios

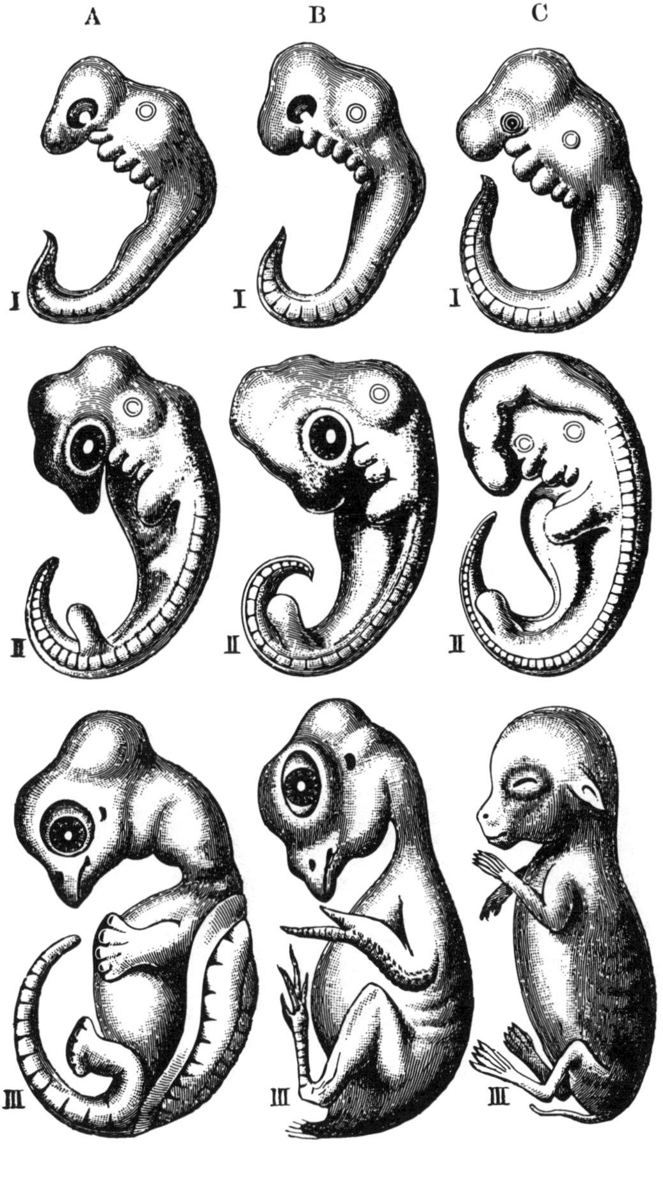

Hein Nouwens/Shuttestock

Apesar de ser uma teoria bastante interessante e impressionante quando se observam os elementos que existem em comum no desenvolvimento embrionário dessas espécies, hoje se entende que não há uma correspondência direta entre filogenia e ontogenia, de modo que a teoria não é mais aceita. Compartilhamos com outras espécies muitas estruturas do sistema nervoso, mas outras estruturas são bastante específicas e apresentam origens muito diferentes.

4.2.1 Neurociência comparada

Se não é possível comparar diretamente a ontogenia com a filogenia, é perfeitamente possível, entretanto, comparar o sistema nervoso de diversos animais e, assim, compreender melhor o nosso. Uma chave teórica para traçar essa relação entre as espécies é a **teoria da seleção natural**, de Charles Darwin. Conforme o biólogo, há muita variabilidade entre os organismos, e o ambiente acaba selecionando os mais adaptados para a sobrevivência naquele meio. Atenção: não é necessariamente o organismo mais forte, maior ou mais ágil que sobrevive, mas o que está mais adaptado ao meio.

Alguns comportamentos animais podem ser muito adaptativos em alguns ambientes – por exemplo, ter medo do escuro, evitando-se predadores durante a noite, ou comer em quantidades maiores e preferir alimentos doces, ingerindo-se calorias adicionais que serão necessárias em tempos de privação de alimento. O ambiente realiza a seleção na medida em que aqueles que temem o escuro e comem mais têm mais chances de sobrevivência e, portanto, têm mais chance de passar seus genes adiante – gerando descendentes que também evitam a escuridão e procuram alimentos calóricos.

Figura 4.7 – O cérebro em diversas espécies animais

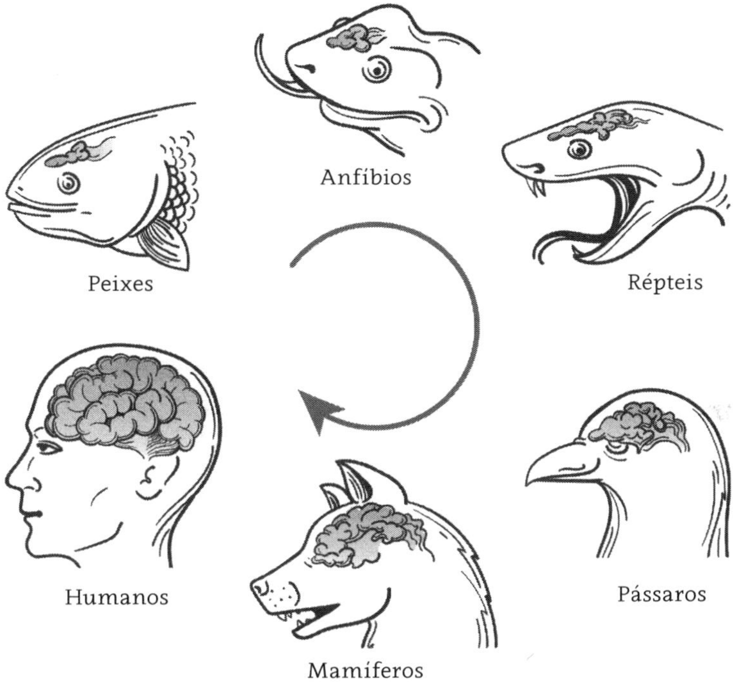

Bogadeva1983/Shutterstock

Quando se considera que todos os comportamentos têm sua origem no sistema nervoso, é possível pensar que o ambiente não está selecionando apenas organismos com determinados comportamentos, mas cérebros que geram tais comportamentos. Assim, os cérebros vão se modificando lentamente ao longo do tempo. Em outras palavras, os cérebros evoluem. Todos os animais existentes (incluindo nós, *Homo sapiens*) são fruto do processo da evolução de suas espécies, com cérebros selecionados para sobreviver em seus ambientes.

Essa concepção de evolução torna inconsistente a ideia de que a espécie humana é o auge da escala filogenética. Trata-se de uma visão claramente antropocentrista e equivocada. A evolução não é linear ou acumulativa, o que significa que ela não é voltada para o alcance de um objetivo final e que animais mais recentes na escala da evolução não são "melhores" do que seus antigos ancestrais. O resultado atual do processo evolutivo vem de adaptações diferentes a ambiente diferentes.

Levando-se isso em consideração, entende-se que, apesar de o cérebro humano apresentar tamanho e estruturas diferenciadas, ele não é necessariamente mais evoluído e as áreas cerebrais responsáveis pela linguagem, pela cognição ou pela consciência não se mostram tão diferentes das áreas cerebrais de outros animais semelhantes.

4.2.2 Evolução humana

O último ancestral comum entre humanos e chimpanzés viveu há aproximadamente 6 milhões de anos. Esse ancestral evoluiu como *Australopithecus* no sul da África há cerca de 2,5 milhões de anos. Seu nome vem do latim: *australis* significa "do sul" e *pithekos*, "macaco". O "macaco do sul" migrou para o norte da África, a Europa e a Ásia, gerando novas espécies do gênero *Homo*. Sabe-se que pelo menos seis espécies humanas viveram ao mesmo tempo no planeta há cerca de 100 mil anos. Entre elas, destacam-se os *Homo neanderthalensis* (conhecidos como *neandertais* e cujo nome está associado ao Vale de Neander, na Alemanha, onde seus primeiros fósseis foram encontrados) e os *Homo sapiens*. Embora os neandertais fossem mais musculosos e maiores (apresentando até mesmo um cérebro maior), nossa espécie foi a única do gênero *Homo* que não se extinguiu.

Figura 4.8 – Evolução humana

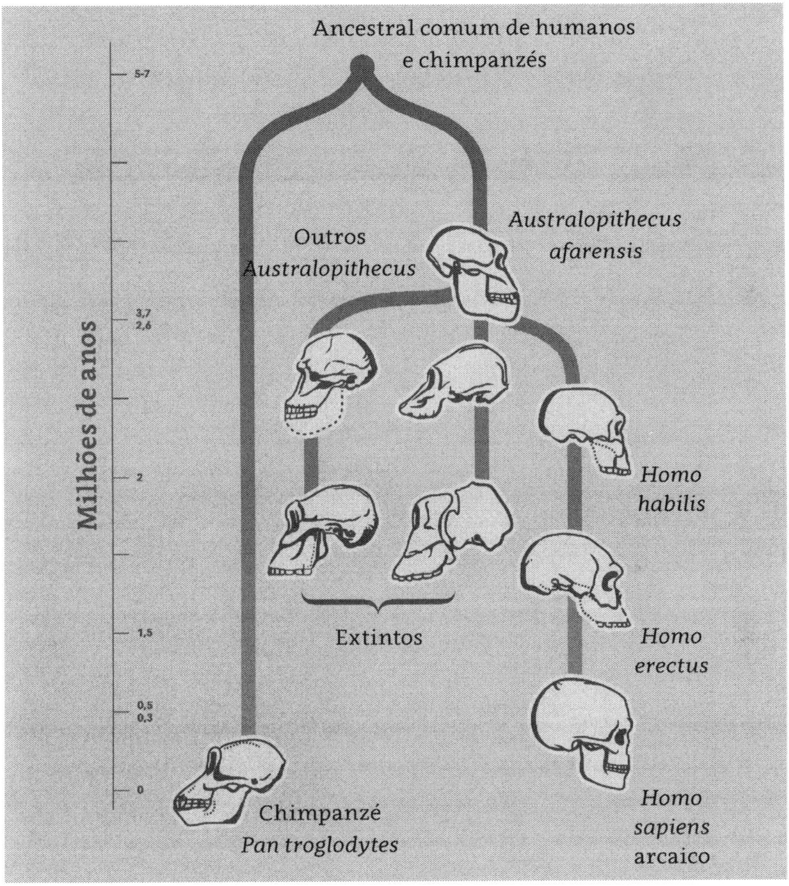

Giorgio Morara/Shutterstock

Temos o mesmo cérebro de 100 mil anos atrás, período em que o órgão foi forjado da adaptação lenta e gradual às necessidades dos caçadores-coletores da época. Características como postura, tempo de gestação, vínculo social e alimentação foram construídas nessas condições e determinam como nosso desenvolvimento e aprendizagem ocorrem também hoje.

Algumas características da espécie foram determinantes para a sobrevivência e o estabelecimento da configuração atual. Essas características muitas vezes se relacionam entre si e, sem dúvida, a mais importante delas é o tamanho do cérebro proporcional ao tamanho do corpo. Como afirma Harari (2015, p. 15), "No *Homo Sapiens*, o cérebro equivale a 2 a 3% do peso corporal, mas consome 25% da energia do corpo em repouso. Em comparação, o cérebro de outros primatas requer apenas 8% de energia em repouso".

A neurocientista brasileira Suzana Herculano-Houzel tem uma interessante teoria a respeito do que possibilitou o desenvolvimento cerebral tão grande na espécie humana: a culinária. Segundo essa teoria, o uso do fogo para transformar alimentos fez com que o número de calorias na dieta aumentasse, uma vez que o rendimento calórico do alimento cozido é muito maior do que o rendimento do mesmo alimento cru. Isso não só possibilitou o desenvolvimento de um cérebro proporcionalmente maior, como fez com que o *Homo sapiens* não precisasse gastar tanto tempo na procura por comida, podendo usar esse tempo disponível para outros fins (Herculano-Houzel, 2017).

Uma maior proporção e mais energia dedicada ao cérebro possibilitaram uma ampla capacidade de resolução de problemas e de adaptação. Além disso, a posição ereta facilitava a exploração de território, ao mesmo tempo que liberava os membros superiores para manipular objetos e utilizar ferramentas. Uma possível desvantagem da posição ereta e das longas caminhadas necessárias aos grupos nômades de caçadores-coletores é que o andar ereto exigia quadris mais estreitos, constrangendo o canal do parto. Quer dizer, apenas sobreviviam ao parto as mulheres que davam à luz mais cedo. A seleção natural privilegiava os nascimentos prematuros de bebês menores. Essa possível desvantagem, com efeito, converteu-se em vantagem, uma vez que bebês mais frágeis e prematuros estão também "menos prontos" do ponto de vista biológico e precisam se desenvolver mais tempo fora do útero, o que significa uma plasticidade de aprendizagem maior e mais adaptada ao ambiente externo.

Além disso, a fragilidade dos bebês acabou se tornando um fator de seleção do maior vínculo social de famílias e tribos. Sobreviviam os grupos que eram mais unidos, de modo que é marcante para nossa espécie a necessidade de apoio mútuo, além de educação e socialização mais maleáveis.

Comparar o cérebro humano com o de outras espécies e com a evolução de nossa própria espécie ajuda a entendê-lo como um órgão mutável e capaz de sempre se transformar e se adaptar. Afinal, a aprendizagem não é apenas um fenômeno individual; é também coletivo, incluindo todo o gênero humano ao longo do tempo de nossa existência neste planeta.

Síntese

Podemos abordar o desenvolvimento do SNC tomando como base o desenvolvimento do organismo (ontogenética) ou o desenvolvimento da espécie (filogenética).

Ontogeneticamente, o desenvolvimento neural ocorre a partir da fecundação, gerando o zigoto. Após sucessivas transformações, o zigoto se torna uma blástula com três camadas embrionárias: ectoderma, mesoderma e endoderma. A camada mais externa, o ectoderma, formará a pele e o sistema nervoso. A placa neural do ectoderma dobra-se sobre si mesma, formando, inicialmente, um suco neural e, na continuação desse abaulamento, o tubo neural. Por sua vez, o tubo neural continua crescendo e origina o sistema nervoso primitivo, composto por prosencéfalo, mesencéfalo e rombencéfalo. Ao longo do desenvolvimento, os neurônios são formados e distribuídos por meio de três processos: a proliferação (a criação de neurônios propriamente dita), a migração (os deslocamentos das células para seus lugares-alvo) e a diferenciação (as transformações que as células sofrem até assumir o formato final de neurônio).

No tocante à filogenética, a lei biogenética (ou lei da recapitulação) postula que a ontogênese repete a filogênese. Embora os embriões de espécies diferentes apresentem aspectos em comum, essa teoria foi superada. A teoria da evolução pela seleção natural, de Charles Darwin, propõe um modelo mais embasado segundo o qual o ambiente seleciona os organismos mais adaptados. Com essa teoria, é possível pensar a evolução humana e explorar a neurociência comparada. Essas abordagens esclarecem características cerebrais humanas em comparação com as de outras espécies e conforme a evolução de nossa própria espécie.

Indicações culturais

A GUERRA do fogo. Direção: Jean-Jacques Annaud. França/ Canadá, 1981. 101 min.

Esse clássico apresenta o cotidiano e os conflitos de grupos hominídeos na Pré-História. Apesar de apresentar equívocos antropológicos considerando-se as descobertas mais recentes em relação ao que se concebia na época em que foi filmada, a obra cinematográfica ilustra com propriedade temas importantes da evolução humana, como a comunicação, o uso do fogo e de ferramentas e as interações sociais.

HERCULANO-HOUZEL, S. **O que o cérebro humano tem de tão especial?** jun. 2013. Disponível em: <https://www.youtube.com/watch?v=_7_XH1CBzGw>. Acesso em: 23 ago. 2108.

Esse vídeo da neurocientista brasileira Suzana Herculano-Houzel faz parte da famosa série de conferências TED Talks. Nessa palestra de cerca de 13 minutos, ela fala sobre como descobriu uma nova maneira de realizar a contagem do número de neurônios e discute o papel da culinária no desenvolvimento do cérebro na espécie humana.

Atividades de autoavaliação

1. Considerando o desenvolvimento ontogenético do SNC, assinale a opção que apresenta a ordem correta das etapas de formação observadas no processo:
   a) Zigoto, ectoderma, blástula, sulco central, placa neural, tubo neural, encéfalo.
   b) Blástula, zigoto, ectoderma, placa neural, tubo neural, sulco central, encéfalo.
   c) Zigoto, blástula, ectoderma, placa neural, sulco central, tubo neural, encéfalo.
   d) Zigoto, blástula, ectoderma, sulco central, placa central, encéfalo, tubo neural.

2. A respeito dos mecanismos de formação e distribuição de neurônios, assinale a alternativa correta:
   a) A migração neural é a formação de novos neurônios.
   b) A diferenciação neural é o deslocamento de células nervosas em direção ao seu lugar definitivo.
   c) A formação neural são as transformações da célula nervosa até assumir seu formato definitivo.
   d) Alterações na migração e na formação podem levar a malformações do SNC.

3. Sobre aspectos evolutivos e filogenéticos, assinale a alternativa correta:
   a) A ontogênese repete a filogênese.
   b) A teoria da evolução postula a sobrevivência do mais forte.
   c) O *Homo sapiens* é a espécie mais evoluída do planeta.
   d) A evolução não é linear ou acumulativa.

4. Indique se as afirmações a seguir são verdadeiras (V) ou falsas (F):
   ( ) Já coexistiram pelo menos seis espécies humanas, sendo as mais importantes o *Homo neanderthalensis e o Homo sapiens.*
   ( ) Temos praticamente o mesmo cérebro de 100 mil anos atrás.
   ( ) O comportamento de apoio social provavelmente teve um papel importante para a sobrevivência dos *Homo sapiens.*
   ( ) O cérebro atual da espécie humana foi selecionado pelas necessidades do ambiente dos hominídeos caçadores-coletores.

Agora, assinale a alternativa que corresponde corretamente à sequência obtida:

a) V, V, V, V.
b) V, F, V, V.
c) V, V, F, F.
d) F, V, V, V.

5. Assinale a alternativa correta:
a) A ontogênese repete a filogênese.
b) A filogênese repete a ontogênese.
c) A filogênese estuda a evolução de uma espécie.
d) A ontogênese estuda o desenvolvimento de uma espécie.

Atividades de aprendizagem

Questões para reflexão

1. Faça um desenho esquemático que mostre o avanço desde o zigoto até a formação completa do feto, apontando as principais estruturas envolvidas.

2. A espécie humana poderia ter um cérebro diferente hoje se tivesse evoluído em condições geográficas e materiais diferentes? Justifique sua resposta considerando a teoria da seleção natural.

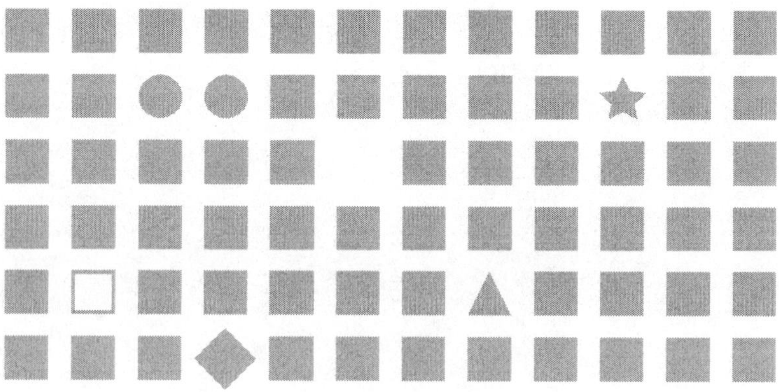

Capítulo 5

Bases neurais da atividade mental

Para a neurofisiologia, não há como ver, ouvir, tocar, pensar ou lembrar sem que cada um desses processos envolva neurônios. Dito de outro modo, tudo o que fazemos e sentimos não só passa pelo sistema nervoso como é resultado de um complexo encadeamento de sinais elétricos e químicos que os neurônios disparam de modo coordenado. Toda e qualquer atividade mental tem uma base neural e processos mentais específicos, com rotas neurais específicas que ativam áreas específicas. Mas *especificidade* não significa "isolamento": as rotas e áreas neuronais apoiam-se mutuamente e interagem entre si, principalmente nas funções mentais que exigem maior complexidade.

Quando sonhamos, várias áreas cerebrais são ativadas e algumas ficam até mais ativadas do que quando estamos acordados. A atividade cerebral no sono é distinta da vigília e alguns processos importantes do sistema nervoso central (SNC) só ocorrem enquanto dormimos. A maneira como captamos as informações do ambiente (sensação) e começamos a interpretá-las (percepção) segue caminhos neuronais próprios. Da mesma forma, armazenamos e buscamos as informações (memória) de diversas maneiras, e a cada uma corresponde a utilização de sequências de neurônios diferentes em regiões características do cérebro. Por fim, processamos todas essas informações captadas e armazenadas de maneira crítica (pensamento), mediante processos complexos em áreas também distintas.

Cada uma dessas atividades mentais é apoiada na outra. A percepção precisa da sensação, o pensamento é fundamentado na memória, e assim por diante. Como cada um desses processos utiliza suas próprias áreas e caminhos neurais, é possível pensar que as diversas áreas e caminhos do SNC se apoiam e se afetam mutuamente, criando uma totalidade funcional. Na sequência, veremos como se caracterizam alguns desses processos.

5.1 Sono

Passamos cerca de um terço de nossa vida dormindo. Para alguns, isso pode parecer um grande desperdício. Não poderíamos substituir as horas de sono por mais tempo de lazer, com a família ou no trabalho? Por que dormir?

Essa pergunta ainda não foi claramente respondida pelas evidências científicas atuais, mas o que se sabe até aqui é que um sono de qualidade possibilita o bom aproveitamento do tempo de vigília. O sono é uma necessidade biológica básica, como comer e respirar, e sua privação pode trazer sérios danos ao organismo, nos âmbitos fisiológico e cognitivo. Daí a importância de compreender os mecanismos fisiológicos envolvidos no sono.

Toda a atividade cerebral é regulada pelo **ritmo circadiano**, um padrão biológico que acontece em intervalos regulares em função do tempo ao longo do dia modulado pelo ciclo de luz e de escuridão. O ritmo circadiano influencia não apenas os organismos que apresentam sistema nervoso, mas incontáveis seres vivos, mesmos aqueles de organismos menos sofisticados. É possível observar isso claramente nas plantas, que dependem do ciclo marcado pela presença e pela ausência de luz.

Figura 5.1 – Glândula pineal

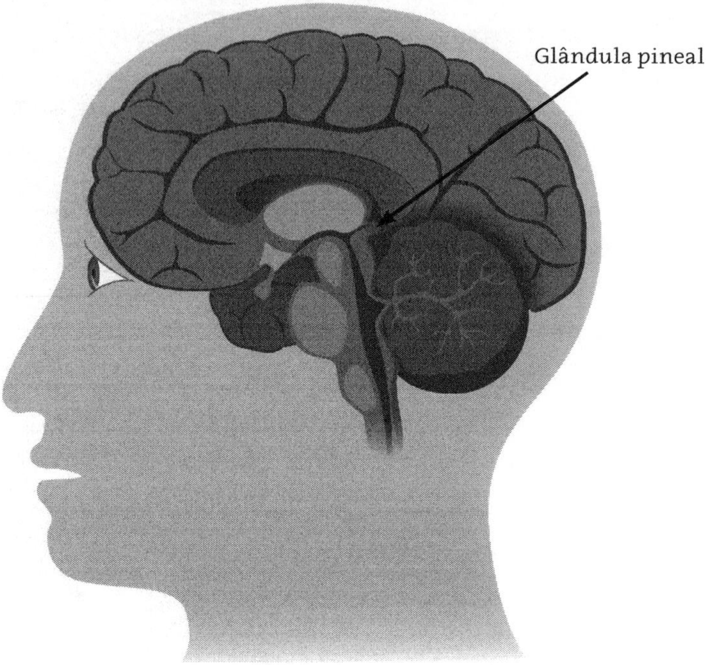

Alila Medical Media/Shutterstock

No sistema nervoso humano, quando a luz é captada pela retina, ela atinge o núcleo supraquiasmático, que fica no hipotálamo, na região central do encéfalo. Esse núcleo, por sua vez, ativa a glândula pineal (Figura 5.1). Essa glândula libera melatonina, um importantíssimo hormônio regulador do sono. Assim, a escuridão e a baixa luminosidade, mediadas pela melatonina, induzem o organismo a adormecer, enquanto a claridade tende a manter o organismo desperto. É por isso que uma boa higiene do sono deve incluir um período antes de dormir (cerca de duas horas) no qual se evitem ambientes muito claros e telas luminosas, como as telas de computador, televisão e celular.

Figura 5.2 – Atividade elétrica cerebral durante a vigília e o sono

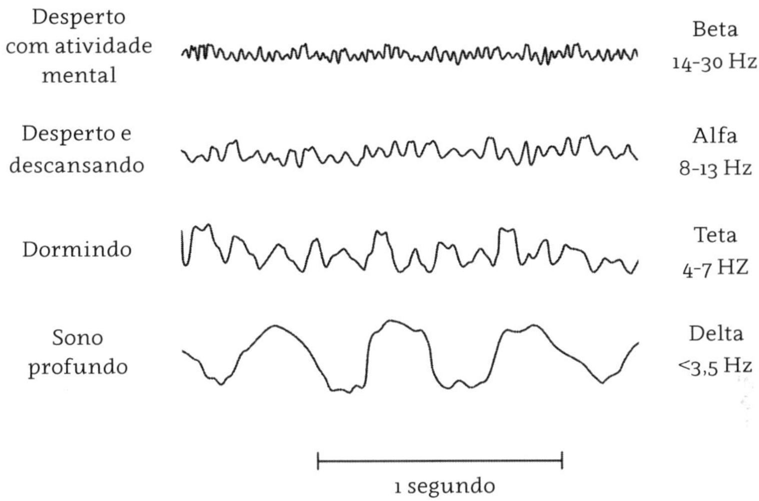

Alila Medical Media/Shutterstock

Durante o sono, a atividade elétrica cerebral, medida pela eletroencefalografia (EEG), apresenta um padrão diferente em relação à vigília (Figura 5.2). Os potenciais de ação presente nos neurônios comportam-se de forma distinta quando dormimos. Neurônios ativos na vigília mostram um padrão elétrico específico: as ondas Beta. Um pouco antes de dormir ou um pouco antes de acordar, naquele estado em que não sabemos se estamos de fato dormindo ou acordados, são produzidas ondas Alfa. Esse padrão de atividade elétrica acontece também em estados de profundo relaxamento, meditação, oração profunda, hipnose ou atenção plena. Durante o sono propriamente dito, o cérebro vai variando entre ondas Teta e ondas Delta, dependendo do grau de profundidade e da fase do sono.

Uma noite de sono passa por várias fases (Figura 5.3). Uma das principais fases é a do sono REM, a sigla em inglês para "movimento rápido dos olhos" (*rapid eye moviment*), em referência ao fato de que nessa fase é possível perceber uma intensa movimentação dos olhos, que ficam estáticos nos outros momentos do sono. A fase REM é caracterizada pelo sono paradoxal, em que alguns grupos de neurônios chegam a ser mais ativos do que são durante a vigília. É nesse estágio que ocorre a maior parte dos sonhos. O sono apresenta ainda outras três fases, estando as ondas Teta presentes nas fases mais leves e as ondas Delta nas fases mais profundas. Durante uma noite de sono de aproximadamente oito horas, essas fases são alternadas pelo menos três vezes, oscilando entre momentos de sono mais profundo e de sono mais superficial.

Figura 5.3 – Fases do sono

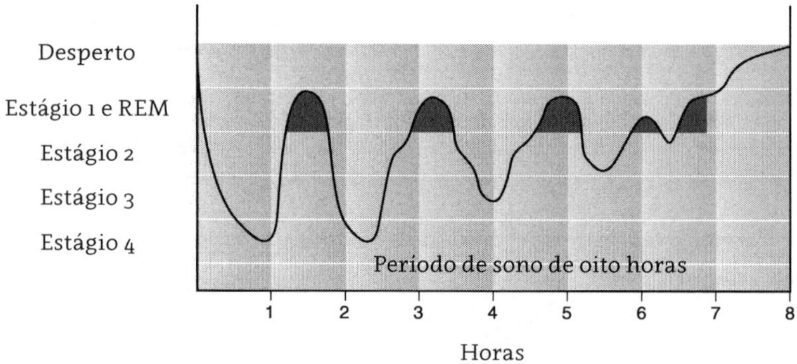

Blamb/Shuttestock

No que diz respeito à aprendizagem, o sono tem um papel duplo: antes e depois de aprender novas informações. Dormir desempenha um papel fundamental nos processos atencionais da vigília, isto é, uma boa noite de sono garante uma melhor atenção no dia seguinte, pois o cérebro fica mais preparado para selecionar e direcionar os estímulos do ambiente. Dormir, portanto, prepara o cérebro para estar atento ao longo do dia. Ao final do dia, o sono consolida as aprendizagens recentes na memória de longo prazo. O processo de consolidação da memória – que envolve o hipocampo, uma estrutura presente no sistema límbico (Figura 5.4) – é lento e bastante delicado, demorando ao menos seis horas. Esse processo ocorre também durante a vigília, mas funciona muito melhor durante o sono. Dormir garante a manutenção das aprendizagens do dia por mais tempo.

Figura 5.4 – Sistema límbico

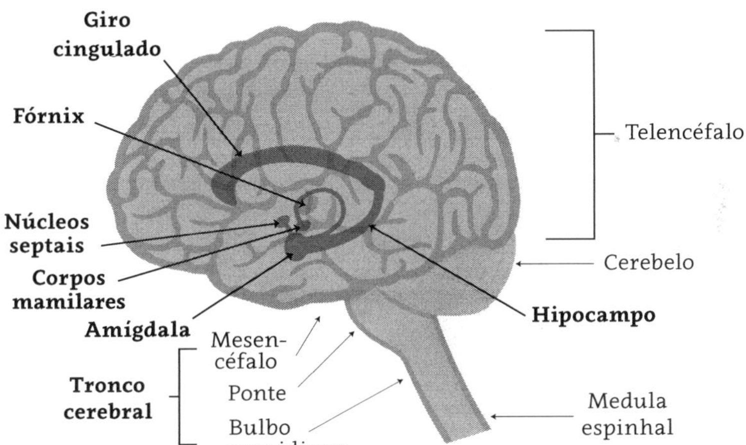

Joshya/Shutterstock

Assim, a fisiologia do sono apresenta aspectos químicos e físicos que não se encontram durante a vigília e parecem cumprir um papel único de apoio a outras atividades mentais.

5.2 Sensação

A atenção seleciona os estímulos existentes no ambiente ou até mesmo no próprio corpo e se direciona a eles, mas quem realiza a captação desses estímulos é a sensação, o primeiro degrau da aprendizagem.

Figura 5.5 – Receptores sensoriais

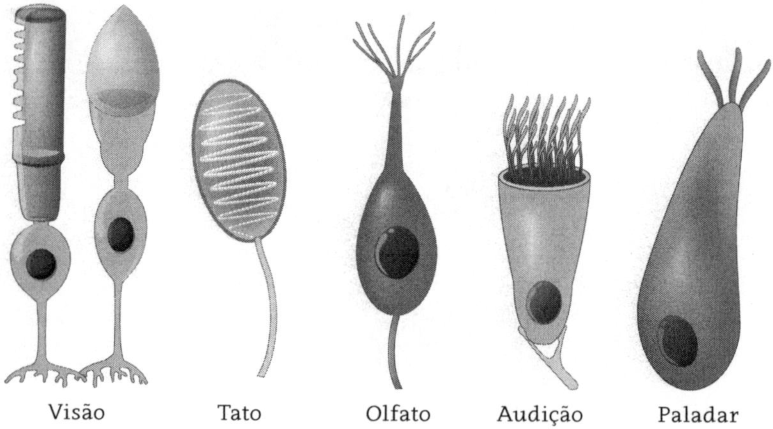

Designua/Shutterstock

Do ponto de vista neurofisiológico, a sensação é a codificação da energia físico-química e a transdução dessa energia, ou seja, a transformação dos estímulos ambientais em impulsos neurais. É possível definir *transdução* como a transformação dos estímulos em potencial elétrico gerado pelos **receptores sensoriais**, traduzindo-se os estímulos para a linguagem cerebral. Por exemplo, os fotorreceptores conseguem transformar a luz em impulsos neurais; o mecanorreceptores fazem essa transdução com a energia mecânica; os nociceptores com a dor; e os quimiorreceptores com as moléculas no ar e nos líquidos. Não confunda esses receptores com os receptores neuronais. Aqui estamos tratando dos receptores dos órgãos dos sentidos (língua, olho, pele, nariz e orelha), que contam com células especializadas em captar a manifestação física dos estímulos gustativos, visuais, táteis, olfativos e sonoros (Figura 5.5). Vejamos como são os mecanismos de cada uma das sensações em suas diferentes modalidades.

5.2.1 Sensação visual

A luz passa pela córnea, atravessa a pupila e é projetada na retina, tal como em uma câmera escura. Na retina, é transformada em sinal neural pelos fotorreceptores. Existem basicamente dois tipos de fotorreceptores, os **cones** e os **bastonetes**. Os cones são responsáveis pela captação das cores; os bastonetes, pela captação da intensidade luminosa. Alterações nas terminações dos cones podem levar a quadros de daltonismo. Os bastonetes estão presentes no olho em uma quantidade muito maior e são mais sensíveis. Em ambientes de pouca luz, por exemplo, é possível perceber algumas formas, mesmo que tenuamente, mas é praticamente impossível identificar cores. Após captar os estímulos luminosos, os **fotorreceptores** transmitem, na forma de impulso neural, a informação visual para o nervo óptico.

O nervo óptico, que sai da região posterior do olho, conduz os impulsos nervosos (passando por diversas pequenas estruturas intermediárias) até uma região do córtex cerebral chamada de *córtex occipital*, que fica na região posterior da cabeça.

Os estímulos visuais são então projetados nas áreas primárias do córtex occipital, onde neurônios específicos para a cor, a forma e o movimento recebem essa informação, possibilitando a sensação visual propriamente dita.

Figura 5.6 – Funcionamento da sensação visual

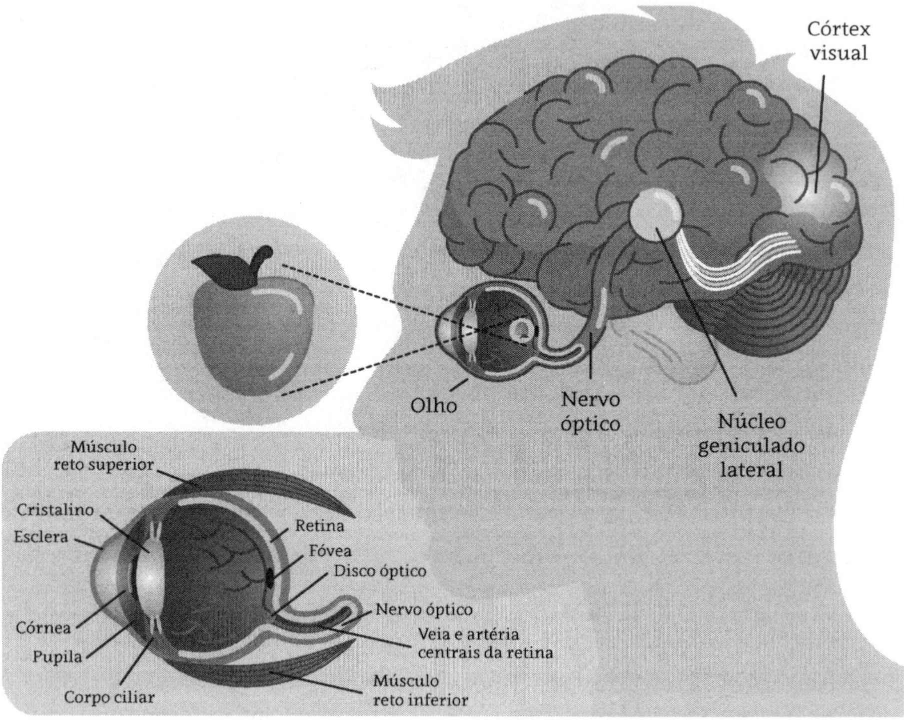

VectorMine/Shutterstock

5.2.2 Sensação auditiva

A sensação sonora é o reconhecimento do padrão de mudanças na pressão do ar. Nesse sentido, o som é constituído pelas pequenas alterações no ar no formato de ondas provocadas por fontes diversas. Essas ondas são captadas pela orelha externa, a estrutura que consegue, em razão de sua acústica, aproveitar o melhor da onda sonora. As ondas fazem o tímpano vibrar, uma membrana muito fina que caracteriza o início da orelha média. O tímpano é ligado aos três menores ossos do organismo: o martelo, a bigorna e o estribo. A vibração do tímpano movimenta os três ossículos, que conduzem a vibração até a cóclea, a qual integra a orelha interna. A cóclea é um tubo que se enrola em formato de caracol e tem um líquido em seu interior (Figura 5.7). Lá existem células ciliadas chamadas de **mecanorreceptores**, que transformam a energia mecânica em impulsos neurais.

Figura 5.7 – Estruturas da orelha responsáveis pela sensação auditiva

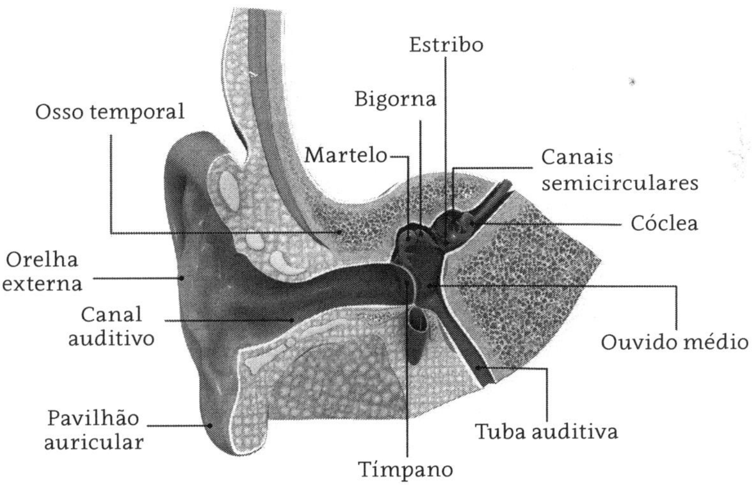

Sciencepics/Shutterstock

Na audição, as ondas do ar são captadas pelos mecanorreceptores e chegam ao cérebro pelo nervo auditivo. Os impulsos neurais gerados na cóclea são conduzidos pelo nervo auditivo por diversas estruturas cerebrais até chegar ao córtex temporal. Lá ocorre a sensação sonora. Cada frequência sonora conta com neurônios específicos prontos para recebê-la e construir o fenômeno da sensação auditiva.

5.2.3 Sensação tátil

A pele é o maior órgão do corpo e o tato é o resultado dos receptores sensoriais espalhados por sua extensão. Existem basicamente três tipos de receptores táteis: os **mecanorreceptores** (sensíveis às alterações de pressão presentes na pele), os **termorreceptores** (sensíveis às variações térmicas de temperatura corporal) e os **nociceptores** (que respondem de forma sensível quando submetidos a estímulos que vão além de determinado limiar que põe em risco a integridade do organismo, isto é, sensíveis à dor). Fazendo parte do sistema nervoso periférico (SNP), as informações táteis captadas por tais receptores são enviadas para o SNC, conduzidas até o córtex parietal.

Figura 5.8 – Estrutura de receptores táteis

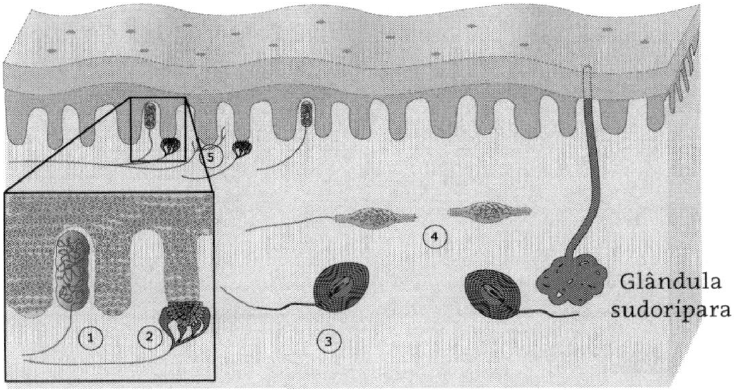

Ellepigrafica/Shutterstock

1. Corpúsculo de Meissner – 100/cm² – estímulo tátil
2. Discos de Merkel – 20/cm² – estímulo tátil
3. Corpúsculo de Pacini – 2/cm² – estímulo de pressão
4. Corpúsculo de Ruffini – 10/cm² – estímulo de pressão profunda
5. Terminações nervosas livres – 100/cm² – dor, coceira

As informações táteis são recebidas no córtex parietal pelas áreas primárias, onde há uma representação própria para cada região corporal, formando uma espécie de mapa neural do corpo humano. Algumas regiões corporais apresentam um número grande de neurônios responsáveis pelas sensações táteis, como a boca e a língua, diferentemente do que ocorre com as costas, que contam com um número reduzido de neurônios se levarmos em conta toda a extensão que ocupam no corpo. Uma área cortical maior representa uma qualidade melhor de sensação tátil, já que algumas áreas corporais são mais sensíveis. A representação cortical do corpo, chamada de **homúnculo de Penfield** (Figura 5.9), é bastante desproporcional em relação à dimensão real da pele. O nome dessa representação é uma homenagem ao neurocirurgião canadense Wilder

Penfield (1891-1976), que, na década de 1930, desenvolveu uma técnica de estimulação elétrica do cérebro enquanto o paciente estava acordado na neurocirurgia. Os pacientes conseguiam descrever que partes do corpo estavam sentindo quando essas regiões cerebrais eram estimuladas, o que deu origem ao mapa neurológico que relaciona as regiões do cérebro dedicadas ao processamento de funções motoras e sensoriais às respectivas partes do corpo.

Figura 5.9 – Homúnculo de Penfield

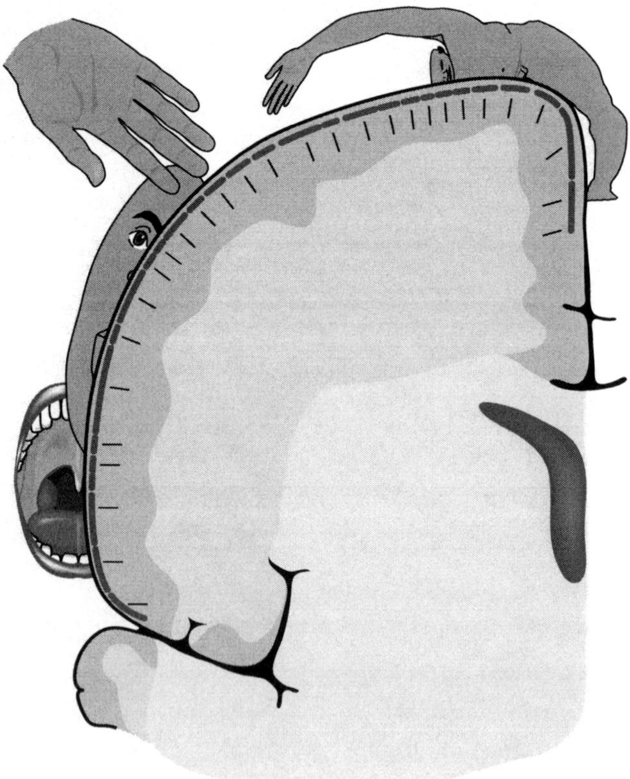

Blamb/Shutterstock

Um fenômeno relativamente comum em pessoas que amputam algum membro do corpo é o chamado *membro fantasma*. Embora o braço esquerdo, por exemplo, não exista mais, o amputado continua a senti-lo. Isso ocorre porque a representação cortical do braço esquerdo continua a existir no hemisfério direito, não é amputada junto com o membro. Com o tempo, a maioria dos pacientes tem os neurônios do homúnculo de Penfield da área amputada reintegrados a outras regiões, cessando o fenômeno. Alguns, no entanto, mantêm essa sensação "fantasma" pelo resto da vida. Uma das maiores autoridades no fenômeno do membro fantasma é o neurologista indiano Vilayanur Ramachandran (1951-). Ele não só investigou com profundidade esse fenômeno como conseguiu desenvolver uma técnica usando espelhos para refletir o membro real "em cima" do membro fantasma e assim enganar o cérebro utilizando a via visual. Graças a essa técnica, é possível diminuir esse fenômeno em muitos casos, conforme relatado em seu livro *Fantasmas no* cérebro (Ramachandran; Blakeslee, 2004).

5.2.4 Sensação olfativa e sensação gustativa

No olfato, **quimiorreceptores** presentes na mucosa olfativa do nariz captam as moléculas presentes no ar e enviam o sinal neural pelo nervo olfativo para o bulbo olfativo (córtex olfativo) e para o sistema límbico, uma região importante para o processamento da emoção e da memória. Por essa razão, os cheiros, as memórias e as emoções costumam estar intimamente conectados.

Figura 5.10 – Estruturas fisiológicas envolvidas na sensação olfativa

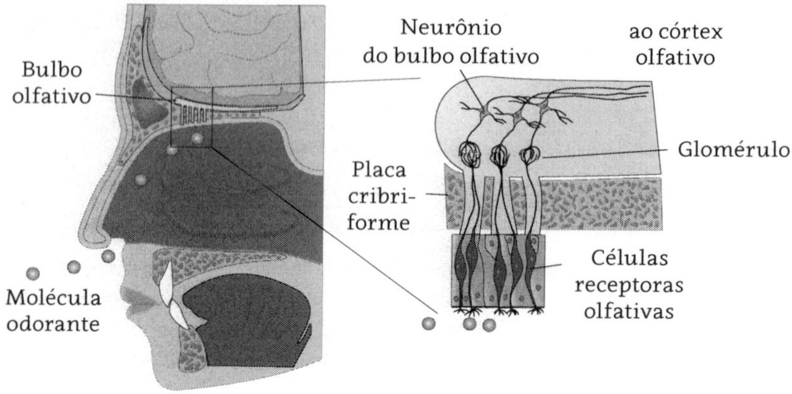

Ellepigrafica/Shutterstock

Quimiorreceptores também atuam no paladar, quando as papilas gustativas na língua captam as moléculas dissolvidas em líquidos e enviam a informação para o córtex gustativo utilizando partes dos nervos facial, glossofaríngeo e vago. As papilas gustativas ocupam posições específicas na língua para captar os tipos básicos de gostos (salgado, doce, azedo, amargo). O olfato e a gustação são os dois sentidos que mais interagem entre si, e as áreas responsáveis por essas sensações estão muito próximas no córtex.

Figura 5.11 – Papilas gustativas e suas posições na língua

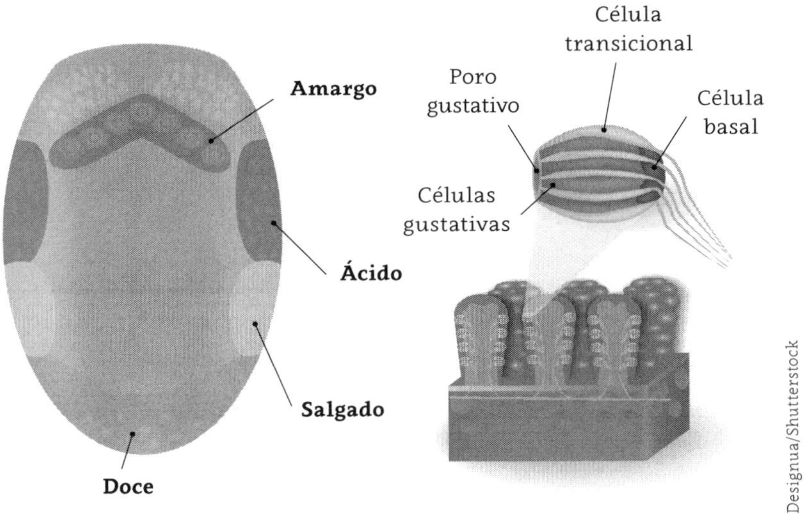

5.3 Percepção

A percepção é o processamento, a organização e a interpretação das sensações. Em cada uma das modalidades sensoriais, o cérebro utiliza redes específicas para integrar diversos estímulos neurais e produzir representações mentais estáveis, de modo a criar uma consciência do mundo exterior coerente com os estímulos sensoriais recebidos.

A sensação envolve a recepção no córtex cerebral dos estímulos captados pelos órgãos dos sentidos em sua forma mais "pura": a cor de um objeto, a temperatura do ambiente, a frequência de um som, o gosto de um alimento. A percepção, por sua vez, equivale a um passo adiante em relação a esses estímulos isolados: ela consegue reunir as diferentes sensações de uma modalidade e formar uma **imagem global**. A percepção, por exemplo, une sensações de cores escuras, formas arredondadas e movimentos oscilatórios e constrói a imagem visual de um ventilador girando; une sensações de frequências auditivas e constrói a imagem auditiva de uma palavra ou de uma canção; une sensações de gosto doce e de textura cremosa e cria a imagem gustativa de um brigadeiro.

A sensação ocorre em áreas primárias do córtex cerebral, chamadas de **áreas de projeção**, onde são projetadas as informações dos sentidos. A percepção, por sua vez, ocorre em áreas adjacentes a essas regiões de sensação, áreas secundárias do córtex cerebral chamadas de **áreas associativas**, justamente por associarem várias sensações para compor uma percepção global.

Outras representações mais complexas, como a localização auditiva e a profundidade visual, também são percepções. Às vezes pode ocorrer uma situação de conflito entre a percepção criada e as sensações recebidas, como acontece nas ilusões de ótica (Figura 5.12).

Figura 5.12 – Ilusão de ótica

viphotos/Shutterstock

A relação entre sensação e percepção pode ocorrer de duas maneiras. O **processamento de baixo para cima** (*bottom-up*) é a percepção baseada nas características sensoriais de um estímulo; o **processamento de cima para baixo** (*top-down*) é a informação sensorial que se molda ao conhecimento, à experiência ou a expectativas pregressas: o que esperamos perceber influencia o que de fato percebemos.

Figura 5.13 – Processamento de cima para baixo (*top-down*) e processamento de baixo para cima (*bottom-up*)

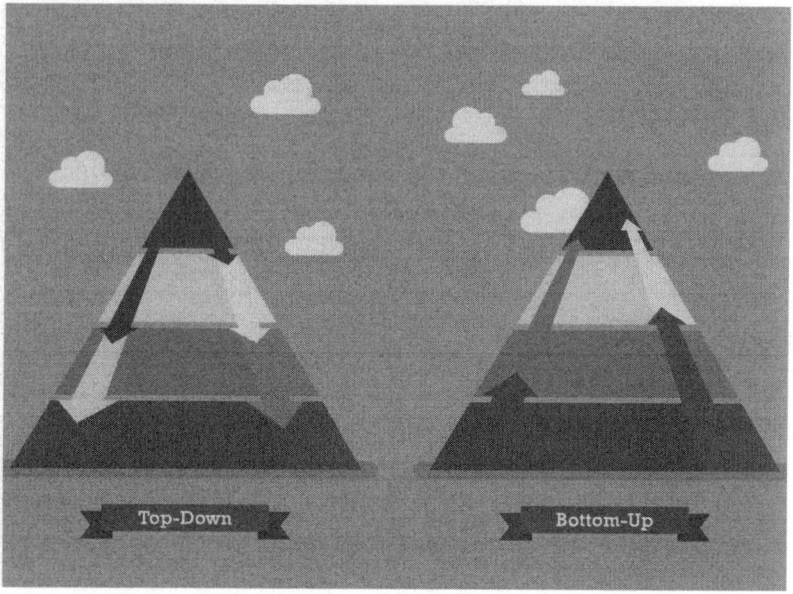

Sira Anamwong/Shutterstock

Uma boa ilustração desse processo é a leitura. Crianças que estão sendo alfabetizadas costumam fazer um processamento ascendente, partindo das sensações em direção às percepções. Identificam primeiro as letras e os morfemas para depois construir palavras e significados. Adultos com leitura fluente, por sua vez, geralmente fazem o processo contrário, o descendente. Leem frases inteiras já pensando em seu significado, sem se preocuparem com as pequenas partes de cada palavra. Por isso, não é incomum que um adulto não consiga perceber um pequeno erro em um texto, deixando passar essa ocorrência em nome da compreensão global.

5.4 Memória

A memória é um processo relacionado com a aquisição, a consolidação, a manutenção, a evocação e a extinção de informações e envolve uma complexa circuitaria neuronal em diferentes partes do cérebro. Há diversas maneiras de classificar e compreender os processos mnemônicos. Uma maneira clássica é utilizar um critério temporal: a memória pode ser de curto prazo (ou memória de curta duração) e de longo prazo (ou memória de longa duração).

A **memória de curto prazo** se estende dos primeiros segundos ou minutos depois do estímulo até cerca de três a seis horas. As informações presentes nessa memória são logo abandonadas, sem deixar vestígios posteriores. O que ocorre é que essa memória funciona como um sistema de apoio enquanto a **memória de longo prazo** está sendo formada. Esta última leva tempo para ser consolidada e é muito frágil durante esse processo. Por isso, a memória de curto prazo funciona como uma espécie de "casa alugada", onde os moradores ficam abrigados enquanto a casa própria é construída. A maior parte das informações na memória de curto prazo não chegam a passar para a memória de longo prazo, apenas aquelas que têm algum sentido, algum significado, alguma emoção envolvida. Quando uma memória de longo prazo é consolidada, costuma durar muitos meses ou anos. Às vezes dura décadas, uma vida toda (Izquierdo, 2018).

A memória de curto prazo nem sempre envolve apenas o armazenamento passivo de informações. Na maior parte das vezes, é preciso que operemos com essas informações, transformando-as. A **memória operacional** (também chamada de **memória de trabalho**) é justamente esse caráter ativo da memória de curta duração. Trata-se da capacidade de armazenar temporariamente uma informação enquanto essa informação ou uma outra é processada. Ou seja, a memória operacional mantém a informação processada recentemente e estabelece conexões com as novas informações, deixando o sistema vivo, dinâmico, ativo.

É comum que pessoas que passaram por uma cirurgia envolvendo anestesia geral ou que sofreram alguma concussão não se recordem de alguns episódios ocorridos durante esses momentos (ou então algumas horas antes e depois do fato). No entanto, durante esses episódios, a pessoa parece não ter dificuldade alguma de memória, a lacuna aparece apenas posteriormente. Por que isso acontece? Como a consolidação da memória é frágil, é justamente essa etapa da memória que é prejudicada. A memória de curto prazo permanece intacta (e, naturalmente, acaba depois de certo tempo), mas a memória de longo prazo torna-se deficitária para esses momentos, pois a consolidação fica abalada pelo efeito do anestésico forte ou da batida na cabeça.

Figura 5.14 – Diferenças sinápticas entre novas memórias e memórias consolidadas

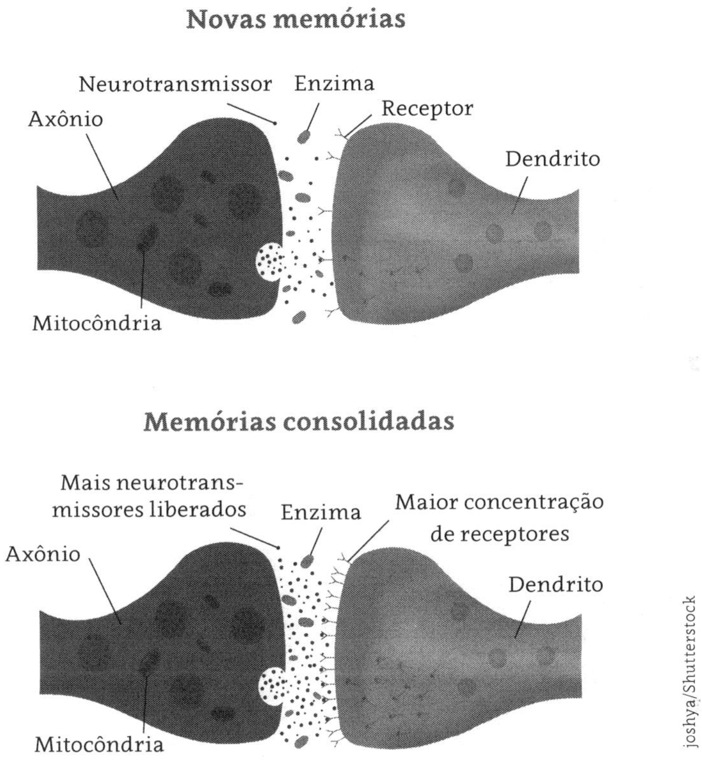

Todo esse processo também pode ser compreendido do ponto de vista celular. As memórias de curta duração estão vinculadas à permanência da atividade elétrica de neurônios e sinapses nos circuitos que formam essas memórias. Enquanto a atividade elétrica dos circuitos se sustenta, sustenta-se também a memória de curto prazo. As memórias de longa duração, por sua vez, abrangem alterações estruturais mais estáveis de natureza fisiológica, ou seja, redes neurais que são ativadas de maneira facilitada à medida que as sinapses entre os neurônios dessas redes ocorrem com maior velocidade e qualidade. A formação e a evocação das memórias são fortemente moduladas por neurotransmissores relacionados com a emoção, como a dopamina, a noradrenalina e a serotonina.

5.5 Pensamento

É possível definir o pensamento como a atividade mental que abarca tanto o raciocínio quanto a compreensão. Juntamente com a consciência, é o processo mais complexo do sistema nervoso e integra outros processos, como a atenção, a linguagem e a memória. A cognição realiza a compreensão sobre o mundo com base em representações mentais (como os conceitos) e vincula conhecimento prévio presente na memória de longo prazo com processos de abstração e lógica. As áreas cerebrais envolvidas são principalmente as áreas integrativas do **córtex posterior** e do **córtex pré-frontal**, as últimas regiões a se formarem tanto no desenvolvimento filogenético como no desenvolvimento ontogenético. Essas áreas dependem, porém, do funcionamento das demais áreas para que se tornem possíveis a compreensão e o raciocínio com base nos estímulos do ambiente.

Figura 5.15 – Lobo frontal

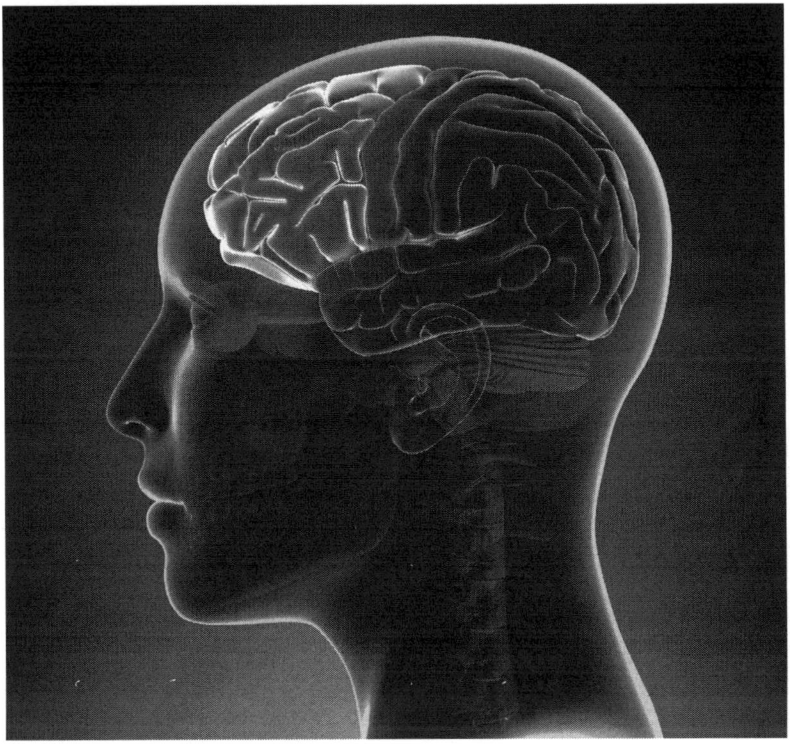

decade3d - anatomy online/Shutterstock

As funções de responsabilidade do córtex pré-frontal são chamadas pela neuropsicologia de **funções executivas**. Tais funções não devem ser entendidas como um constructo único, como uma única entidade. Ao contrário, envolvem processos cognitivos, emocionais e sociais bastante diversos. De maneira geral, é possível afirmar que uma função executiva é aquela que se aplica ao planejamento e execução de atividades. Entre as funções executivas podemos destacar a iniciação de tarefas, o autocontrole, a memória operacional e a flexibilidade cognitiva.

Trata-se da organização estratégica, da tomada de decisão, do controle voluntário e consciente sobre o ambiente ao redor e sobre a ação em direção a esse ambiente. As funções executivas, no entanto, não trabalham sozinhas; a tomada de decisão é baseada na concatenação da sensação, da percepção e da cognição para que a ação a ser executada possa ser planejada da melhor forma possível.

As funções executivas não são apenas funções mentais; elas estão muito relacionadas com o comportamento e as emoções. O controle emocional e da impulsividade sem dúvida passa pelo córtex pré-frontal e envolve a criação de estratégias para a resolução de problemas e para o alcance de objetivos predeterminados. Isso inclui também o **freio inibitório**, ou seja, a capacidade de ignorar estímulos intervenientes que não estão relacionados com a atividade ou com a meta estabelecida e de conter impulsos que levariam a uma digressão da atividade.

O célebre caso de Phineas Gage ilustra bem o funcionamento do freio inibitório. Gage era um operário que trabalhava na construção de estradas de ferro em meados do século XIX, no interior dos Estados Unidos. Era uma pessoa muito ordeira e responsável até que, em um acidente envolvendo explosivos, teve sua cabeça atravessada por uma barra de ferro. Gage incrivelmente sobreviveu ao acidente, mas perdeu (além do olho esquerdo) boa parte da massa encefálica do lobo frontal. Seu comportamento mudou; ele passou a ser inconsequente, grosseiro e impulsivo. Descobriu-se, então, a importância de tal área cerebral, responsável pelo freio, por segurar comportamentos que são inadequados (Damásio, 2012).

Mesmo em situações não extremas, como a que ocorreu com Phineas Gage, é possível perceber como algumas pessoas têm maior dificuldade em se conter, especialmente as crianças. Diferentemente dos adultos, que conseguem, de modo geral, ficar sentados em uma cadeira por algum tempo, por exemplo, uma criança tem mais dificuldade em tal atividade se ela se estender por muito tempo. Ainda que um adulto não queira ouvir uma palestra ou assistir a um filme, esse comportamento é esperado (ou até mesmo exigido) em algumas situações sociais, e o adulto tende a aguardar até o fim da palestra ou do filme se estiver em um lugar público. A diferença entre o comportamento adulto e o infantil nesses casos é a utilização e a maturidade do lobo frontal, que, por meio de mecanismos atencionais, consegue refrear o impulso de se levantar da cadeira.

O córtex pré-frontal determina um objetivo, mas também precisa oferecer recursos cognitivos para monitorar a atividade que está ocorrendo e, caso seja preciso, mudar seu caminho para alcançar a meta escolhida. Esse é o papel da **metacognição**. Essa função faz com que a consciência se questione sobre o que está ocorrendo. É o pensar sobre o pensar. Durante uma leitura atenta deste texto, por exemplo, você estará se questionando se está, de fato, compreendendo os conceitos enfocados ou mesmo tentando perceber os mecanismos cognitivos envolvidos durante a leitura. Talvez a metacognição seja uma das funções psicológicas mais importantes na aprendizagem, na medida em que permite ao aprendiz o acompanhamento do próprio desempenho e a mudança de estratégia caso seja necessário, como estudar de uma forma diferente ou pedir ajuda para alguém mais experiente.

Outra função executiva é a **memória operacional**, que, como mencionamos anteriormente, é capaz de armazenar informações em curto prazo enquanto essas informações ou outras são processadas.

O **autocontrole** é a capacidade de regular o afeto e inibir respostas inadequadas. Está bastante relacionado com a administração emocional: regular as emoções para completar atividades, atingir metas e controlar o comportamento. Além disso, envolve o raciocínio anterior à ação, ou seja, a capacidade de pensar antes de agir. O indivíduo analisa as consequências das ações futuras e decide se vale mesmo a pena adotar aquele comportamento. Em outras palavras, trata-se de uma análise de custo-benefício.

O autocontrole mantém uma relação estreita com a função do planejamento, da utilização da estratégia para facilitar a execução de determinada tarefa. Tão importante quanto escolher a estratégia inicial para abordar um problema, no entanto, é saber modificá-la (ou trocar totalmente de estratégia) se assim for necessário. A essa função dá-se o nome de **flexibilidade**, ou seja, a habilidade de revisar os planos diante de dificuldades, erros ou novas informações anexadas. Aqui, a persistência também deve ser levada em conta. De nada vale uma boa estratégia se ela não for conduzida até o fim. A persistência pode ser entendida como a capacidade de seguir e executar um plano até que o objetivo final seja alcançado, sem desistências no meio do caminho.

Em uma situação-problema real, como a realização de uma prova de História por um aluno do quinto ano do ensino fundamental, não são apenas alguns componentes das funções executivas que atuam. Praticamente todos os componentes entram em ação e, na prática, é bastante difícil visualizá-los de forma separada. O cérebro tem áreas especializadas no processamento de informações, mas essas áreas produzem funções que se integram a um todo. A flexibilidade, o autocontrole, o freio inibitório, a memória operacional, a metacognição e outras funções que nem foram mencionadas colaboram para que o pensamento e a aprendizagem possam existir: o estudante pensa se realmente entendeu as perguntas, escolhe uma estratégia para responder a um exercício que não compreendeu bem, concentra-se deixando de lado os ruídos fora da sala de aula, enfim, direciona ativamente seu pensamento para aprender melhor. Embora sejam funções diferentes, todas têm algo em comum: o funcionamento do córtex pré-frontal.

Síntese

Toda as atividades mentais contam com uma base neurofisiológica e processos específicos, mesmo que complementares. O sono é regulado pelo padrão circadiano, sofrendo influência do ciclo de luz e escuridão. A luz, captada pela retina, passa pelo hipotálamo e é conduzida à glândula pineal, que libera a melatonina, hormônio essencial para a regulação do sono. Durante o sono, o padrão elétrico é diferente do da vigília e apresenta fases em que há variações de tipos de onda cerebral.

A sensação é um fenômeno que envolve a captação de estímulos e a codificação e transdução da energia físico-química captada para a informação neural. Na visão, as ondas luminosas são captadas por fotorreceptores na retina e enviados ao córtex occipital pelo nervo óptico. Na audição, mecanorreceptores presentes na cóclea capturam as ondas no ar e as enviam ao córtex temporal pelo nervo auditivo. A sensação tátil ocorre quando mecanorreceptores da pele captam estímulos de temperatura, dor e pressão e os conduzem pelos nervos cranianos e espinhais ao córtex parietal. O olfato e o paladar captam moléculas no ar ou em líquidos por meio de quimiorreceptores presentes na mucosa nasal ou na língua e conduzem as informações relativas ao cheiro pelo nervo olfativo e ao sabor pelos nervos fácil, glossofaríngeo e vago.

A percepção processa, organiza e interpreta todas essas sensações, criando imagens mentais. O processamento perceptivo pode ser de baixo para cima (*bottom-up*), quando a percepção é construída com base nas informações sensoriais, ou de cima para baixo (*top-down*), quando a sensação é influenciada pela imagem e pelo conhecimento prévio a respeito de determinado estímulo. A memória é um processo complexo que envolve a aquisição, a consolidação, a manutenção, a evocação e a extinção do estímulo. Com relação ao tempo de duração, pode ser classificada como memória de curto prazo ou memória de longo prazo. O pensamento é um dos mais complexos fenômenos mentais e está baseado no raciocínio e na compreensão. As atividades mentais que são resultado da atividade do córtex pré-frontal são chamadas de *funções executivas*.

Atividades de autoavaliação

1. A respeito do sono, assinale a afirmação correta:
   a) O ritmo circadiano regula apenas os organismos que apresentam sistema nervoso.
   b) A memória costuma ser afetada pelo sono.
   c) A liberação de melatonina sofre pouca influência da luminosidade.
   d) O período da vigília sempre apresenta atividades cerebrais mais intensas que as do período de sono.

2. Sobre os receptores sensoriais, indique se as afirmações a seguir são verdadeiras (V) ou falsas (F):
   ( ) Os mecanorreceptores estão presentes na cóclea, captando a sensação de som, e na pele, captando a sensação de pressão.
   ( ) Os termorreceptores são responsáveis pela sensação de temperatura.
   ( ) Os nociceptores estão presentes na pele e captam a sensação de dor.
   ( ) Os quimiorreceptores estão presentes na retina e dividem-se em cones e bastonetes.
   ( ) Os fotorreceptores são sensíveis à moléculas no ar e em líquidos na mucosa nasal e nas pupilas gustativas.

   Agora, assinale a alternativa que corresponde corretamente à sequência obtida:

   a) V, F, V, F, V.
   b) F, V, V, F, F.
   c) V, V, V, F, F.
   d) V, V, F, V, V.

3. Qual das alternativas a seguir não descreve características perceptuais?
   a) A percepção pode influenciar as sensações.
   b) A percepção constrói imagens mentais.
   c) A percepção organiza as sensações.
   d) A percepção memoriza informações.

4. A respeito dos processos neurofisiológicas envolvidos na memória, assinale a alternativa correta:
   a) Memórias de curto e de longo prazo são neurofisiologicamente indistinguíveis.
   b) Neurotransmissores envolvidos com a emoção, como a serotonina, a dopamina e a norepinefrina, modulam a formação de memórias.
   c) A memória de curto prazo envolve alterações estruturais estáveis em redes neuronais.
   d) A memória de longo prazo dura apenas enquanto existir atividade elétrica em circuitos de sinapses.

5. A respeito do pensamento, assinale a alternativa **incorreta**:
   a) A cognição é um processo independente de funções básicas como a sensação, a percepção e a memória.
   b) A memória operacional pode ser considerada uma função executiva.
   c) Processos de pensamento envolvem o raciocínio e a compreensão.
   d) O córtex pré-frontal desempenha papel de destaque em processos de raciocínio.

Atividades de aprendizagem

Questões para reflexão

1. Descreva o funcionamento das memórias de curto prazo e de longo prazo por meio de exemplos de situações cotidianas.

2. Sensação, percepção, memória e pensamento são processos mentais que estão interligados. Imagine uma situação de aprendizagem formal ou informal e explique, com base nesse exemplo, como cada um desses fenômenos vai se somando ao anterior.

Capítulo 6

Aprendizagem

Uma das vantagens evolutivas humanas é o fato de o bebê nascer bastante imaturo, pois essa condição permite que possa aprender uma ampla variabilidade de comportamentos. A **aprendizagem** se manifesta mais fortemente durante a infância, mas acontece ao longo de toda a vida, o que só é possível porque o sistema nervoso está em constante mudança. Toda vez que se aprende algo, o cérebro muda. Muitas vezes, essa mudança é forçada, como no caso de uma lesão cerebral, quando a recuperação e a reorganização do tecido neural se fazem necessárias; porém, na maior parte do tempo, o cérebro aprende porque está sempre se adaptando ao ambiente em que está inserido e resolvendo novos problemas.

Há diversos mecanismos neurofisiológicos envolvidos com a aprendizagem. O principal deles é chamado de *neuroplasticidade*, que diz respeito à propriedade que o cérebro tem de se modificar. A neuroplasticidade é um processo multifacetado que compreende a criação de neurônios (neurogênese), a criação de sinapses (sinaptogênese), a reorganização cerebral e mesmo a perda sistemática de sinapses em alguns períodos do desenvolvimento (poda neural).

6.1 Plasticidade cerebral

Costuma-se falar em **neuroplasticidade** principalmente em referência à capacidade do cérebro de se reorganizar e se recuperar após uma lesão. Trata-se de um termo relativamente recente, uma vez que a concepção corrente nas neurociências até meados da década de 1980 era a de que neurônios não se regeneram e perdas neuronais, portanto, seriam praticamente irreversíveis. Além disso, a possibilidade de outros neurônios assumirem as funções dos neurônios perdidos ou a modificação da estrutura e da atividade neuronal eram vistas com desconfiança. De fato, nascemos praticamente com todos os neurônios que apresentaremos durante toda a vida e há poucas modificações em termos quantitativos. No entanto, observações clínicas mais detalhadas e pesquisas recentes nos mais diversos campos têm apontado para uma capacidade do cérebro de se transformar e se adaptar mesmo em circunstâncias adversas.

Não é incomum ouvirmos histórias de crianças que, ao nascerem com alguma malformação ou adquirirem determinada lesão cerebral, recebem prognósticos de profissionais da saúde de que não poderão andar, correr, acompanhar a escola, ler e escrever e assim por diante. Contudo, algumas dessas crianças surpreendem positivamente e superam esse prognóstico. Isso se deve à plasticidade cerebral.

Se essa capacidade que o sistema nervoso tem de se transformar e superar obstáculos é, de certa forma, imprevisível e surpreendente, também não se pode ser ingênuo e acreditar que o cérebro é capaz de tudo. A plasticidade cerebral é grande, mas também é limitada. Depende de muitos fatores, como a idade da pessoa, o grau de desenvolvimento da função cerebral perdida, a estimulação do ambiente, a extensão e o local da lesão cerebral. Um mecanismo muito comum na plasticidade cerebral é os neurônios adjacentes adotarem a função da área danificada, modificando as próprias funções e resgatando em parte ou na totalidade a função perdida. Em adultos, a capacidade está presente, mas em menor intensidade se comparados às crianças: a plasticidade é mais intensa nos primeiros anos de vida e persiste por toda a vida, diminuindo ao longo do tempo.

Para além das lesões, o cérebro é capaz de se reorganizar também como resultado da experiência. Um cérebro saudável se transforma de acordo com o tipo de experiência a que é exposto e com o uso. As interações com o ambiente fazem com que sinapses se estabeleçam e se mantenham ou, então, que enfraqueçam ou sejam bloqueadas.

Como em um círculo vicioso, um organismo sedentário, que não pratica atividades físicas regulares, tem dificuldades em começar e manter exercícios físicos e afasta-se gradualmente de uma condição saudável. Um cérebro pode ser sedentário também. Uma mente que não é desafiada e não tem novas aprendizagens tende apenas a repetir os circuitos de sinapses que já existem – e mesmo estes, se não forem utilizados, tendem a perder força. Alguém que costuma conhecer novos lugares e pessoas, assistir a filmes, séries e programas novos e mais complexos e ler livros que vão além do usual está seguramente exercitando seu cérebro. Por outro lado, quem não lê, não estuda, não viaja e se limita a assistir sempre a mesma coisa na televisão está sendo cognitivamente sedentário e deixando de aproveitar o potencial cerebral da plasticidade.

Estudos experimentais com modelos animais demonstram bem essa ideia. Ratos criados em ambientes amplos e complexos (com labirintos e brinquedos, por exemplo) mostram habilidades muito superiores de resolução de problemas quando comparados a ratos criados em ambientes mais simples, como gaiolas com poucos estímulos. O enriquecimento ambiental chega a realizar modificações nos cérebros dos animais, aumentando, por exemplo, o número de dendritos e de sinapses nos animais mais estimulados (Rosenzweig, 1966).

Assim, a plasticidade cerebral abarca tanto a capacidade de auto-organização e autorrecuperação após uma lesão física quanto a capacidade do cérebro de se moldar de acordo com a interação com o ambiente, aprendendo conteúdos e habilidades novas.

6.2 Neurogênese

A neurogênese é o processo de formação de novos neurônios. Costumava-se acreditar que não havia neurogênese em adultos, que todos os neurônios surgiam da proliferação neural durante a gestação. Descobertas recentes mostram, no entanto, que novos neurônios são produzidos ao longo de toda a vida. Essa produção não ocorre em todas as áreas e da mesma maneira, o que provavelmente dificultou a descoberta da neurogênese em crianças, adolescentes e adultos. A formação de novos neurônios é relativamente pequena se comparada com a totalidade das células nervosas e ocorre apenas em algumas regiões específicas, como o **hipocampo**, região responsável pela consolidação e criação de novas memórias. Acredita-se que os novos neurônios do hipocampo possam substituir neurônios envolvidos em um circuito de memória que porventura tenham morrido ou ainda que possam ser acrescidos a esse circuito com o fim de fortalecê-lo. A neurogênese faz parte do mecanismo de plasticidade cerebral.

Pesquisas apontam que condições ambientais podem influenciar na neurogênese. Por exemplo, Garbin, Faleiros e

Lago (2012) apontam, conforme mencionamos anteriormente, que as situações em que roedores são expostos a um ambiente de enriquecimento ambiental, com mais estímulos e com desafios, acabam por favorecer também o surgimento de novos neurônios (além de potencializar os neurônios já existentes). Esse processo provavelmente ocorre com a espécie humana também.

A produção de novos neurônios pode igualmente sofrer influências negativas. A presença de um índice elevado de estresse, por exemplo, pode diminuir a neurogênese. Joca, Padovan e Guimarães (2003) indicam que a presença de estressores diminui a produção de neurônios no hipocampo de animais de laboratório, incluindo primatas.

6.3 Sinaptogênese

No início da gestação, os neurônios são formados em uma quantidade maior do que a necessária para um funcionamento ideal do cérebro. Esse excedente é previsto, pois muitas células são descartadas durante o processo de migração neuronal porque não encontram seu destino, não conseguem criar as sinapses necessárias ou ainda porque as sinapses realizadas não estão corretas ou não se tornam funcionais. Se a produção de neurônios é incomparavelmente maior durante a gestação do que ao longo da vida, a morte neuronal durante a gestação também é mais intensa do que após o nascimento. Assim, nesse processo, muitíssimos neurônios são criados e vários são descartados, mas, na contagem total, o saldo é bastante positivo, havendo mais neurônios do que os essencialmente necessários.

Ainda durante a migração, muitos neurônios jovens já começam a desenvolver um axônio que cresce em direção às células-alvo com as quais ele estabelece contatos especializados. Chegando à região-alvo, a ponta do axônio ramifica-se densamente, passando por um processo de arborização. Começa, então, a formação de sinapses (**sinaptogênese**) com as células do entorno. A maior intensidade desse fenômeno em todo o processo de desenvolvimento ocorre durante essa fase e nos primeiros anos de vida.

No que se refere à aprendizagem, não é o número total de neurônios que de fato importa, mas as sinapses entre eles. Se as sinapses são mais intensas no início da vida, isso significa que a aprendizagens acontecem mais intensamente nesse período, afinal, trata-se de um grande esforço de adaptação ao novo ambiente. Ao longo da vida, temos neurônios suficientes para aprender, mas as conexões que fazemos com eles é que garantem que a aprendizagem realmente ocorra.

6.4 Reorganização cerebral

Neurônios são formados e formam novas sinapses entre si, o que garante a aprendizagem, mas ela não necessariamente se mantém a mesma. Redes sinápticas são formadas e consolidadas, mas também podem se enfraquecer e se reestruturar, permitindo que uma nova aprendizagem ocorra. Essa **reorganização cerebral** é facilmente observada nas situações que envolvem o mapeamento cortical dos sentidos.

A superfície sensorial corporal, as sensações auditivas e as sensações visuais são representadas por mapas no córtex cerebral com regiões bem delimitadas. Neurônios específicos respondem a estimulações específicas de certas regiões do corpo, frequências sonoras ou pontos na retina. Quanto maior a sensibilidade, mais neurônios representam a região no córtex. Diversas pesquisas mostram que esse mapa cortical é modificado pela experiência. Quando os nervos de um dedo de um macaco são cortados, a região do córtex que correspondia a esse dedo é ativada quando o dedo ao lado é estimulado. Macacos estimulados a ouvir certa frequência sonora desenvolvem um aumento na representação cortical desse tom. Pessoas com membros amputados podem continuar sentindo o membro (o fenômeno do membro-fantasma), às vezes até mesmo junto com regiões do corpo que ainda existem – situação que pode mudar com o tempo. Essas situações ilustram o quanto o cérebro é capaz de mudar para atender a novas condições.

6.5 Poda neural

Como as sinapses estão associadas à aprendizagem, pode haver a falsa impressão de que, quanto mais sinapses um neurônio é capaz de fazer, maior é a qualidade da aprendizagem correspondente. Com efeito, várias sinapses são melhores que poucas, mas um excesso de conexões pode gerar informação redundante e contraditória. É por isso que, em determinados momentos do desenvolvimento, ocorre o fenômeno da **poda neural** (ou **poda sináptica**), em que o número de sinapses que um neurônio realiza chega a cair pela metade. A poda fortalece as sinapses mais robustas e desfaz as que são mais tênues.

Depois do nascimento, a adolescência é o período mais importante de transformação e desenvolvimento cerebral. É na adolescência que a poda neural ocorre com maior intensidade, fortalecendo as sinapses estabilizadas durante a infância e cortando as sinapses que não foram tão consolidadas. De acordo com Herculano-Houzel (2005), o tédio comumente vivenciado na adolescência tem relação com a poda neural no sistema límbico, especialmente no circuito de recompensas. É por isso que situações e atividades que satisfaziam a criança, como sair com os pais e brincar em um parquinho, podem ser entediantes para o adolescente: boa parte das sinapses que davam prazer nesses contextos foi enfraquecida. O lado positivo da poda é que o adolescente deve buscar novas situações capazes de lhe dar satisfação, ampliando seu conhecimento de mundo.

Embora não seja o único fator associado, há indícios também de uma diminuição do fenômeno da poda neural no transtorno de espectro autista (Belmonte et al., 2004), sendo possível considerar que uma pessoa que apresenta o transtorno precisa lidar com um volume de processamento de informações maior do que alguém com desenvolvimento neurotípico.

6.6 Aprendizagem propriamente dita

Vimos que um bebê já nasce com a maior parte dos neurônios que utilizará em toda a sua vida e tem até mesmo mais neurônios do que um adulto. Todavia, o adulto acumula muito mais aprendizagens do que o recém-nascido. Não é a quantidade de neurônios que estabelece a aprendizagem, mas a quantidade e a qualidade de conexões entre eles. As interações com o ambiente é que garantem ao bebê a maior parte das conexões sinápticas que ele desenvolverá ao longo da vida. Cada vez que dois neurônios dispararem ao mesmo tempo, essa simultaneidade fortalecerá a sinapse entre eles, aumentando a chance de dispararem juntos no futuro e facilitando a passagem da informação ao longo da conexão que se estabelece. Do ponto de vista neurofisiológico, a **aprendizagem** é a consequência dessa comunicação facilitada de informações entre redes neurais.

A aprendizagem e a memória estão intimamente relacionadas, não como na concepção antiga e tradicional de aprendizagem por repetição, por "memorização", mas na consolidação da memória de longo prazo. A dita "decoreba" costuma ser uma aprendizagem superficial, que não exige uma ampla rede de significados em seu entorno, diferentemente da situação na qual o que se aprende está ancorado com outros significados anteriores. Em outras palavras, uma consolidação de memória de longa duração significa uma aprendizagem em profundidade.

Entre os incontáveis estímulos que passam pelo filtro da atenção, são processados e significados pela sensação, pela percepção e pela cognição, são mantidos apenas aqueles que conseguem formar redes de sentido com o conhecimento já existente. Outras informações são perdidas no processo de extinção. Essa etapa é essencial, pois mantém apenas o conhecimento relevante.

Para que exista uma aprendizagem em profundidade, portanto, é necessário construir conexões do conhecimento novo com o preexistente, sob pena de o conhecimento novo não ser consolidado na memória de longo prazo e ser descartado pela extinção.

Para que ocorra a formação de novos neurônios e novas sinapses, são necessárias boas condições biológicas, como uma nutrição adequada, e a não exposição a substâncias nocivas, como drogas ou medicamentos inadequados. Essas e outras bases biológicas, porém, não são suficientes. É a interação com o ambiente que faz com que as redes neuronais sejam conectadas de forma intensa e profícua. Se eventos simples, como a apresentação de frequências específicas de sons e a estimulação de um dedo, são capazes de modificar o mapa cortical de macacos, qual não será a modificação cerebral realizada a partir de uma estimulação rica em conteúdo e afeto experimentada por uma criança em sala de aula, por exemplo? A experiência, que também pode ser chamada de *educação*, é a chave para a neuroplasticidade.

Síntese

A aprendizagem pode ser entendida como o fortalecimento das redes neurais construídas por meio de mecanismos da consolidação da memória, envolvendo a simultaneidade da ativação neuronal e a facilitação de comunicação entre essas redes. A capacidade do cérebro de aprender, modificando-se pela experiência, de se recuperar após uma lesão ou de se reorganizar é chamada de *neuroplasticidade*. A neurogênese colabora com a plasticidade cerebral e consiste na formação de neurônios. Essa proliferação neural acontece principalmente durante a gestação, mas, em menor quantidade, também ao longo da vida, em algumas regiões cerebrais específicas. A sinaptogênese igualmente contribui para a neuroplasticidade, sendo muito intensa na gestação e no início da vida, mas ocorrendo de forma ainda bastante profícua ao longo de todo o desenvolvimento, de acordo com a estimulação. A poda neural é o fenômeno do desenvolvimento que diminui o número de sinapses formadas para privilegiar as sinapses mais bem consolidadas.

Indicações culturais

MY BEAUTIFUL Broken Brain. Direção: Sophie Robinson e Lotje Sodderland. Inglaterra: Netflix, 2014. 84 min.

> O documentário mostra as transformações cognitivas e pessoais ocorridas em Lotje Sodderland depois de ter sofrido um acidente vascular cerebral aos 34 anos. Apresenta também os processos de reabilitação vivenciados na tentativa de recuperar as habilidades linguísticas da fala, da leitura e da escrita, em uma perspectiva pessoal e de busca da compreensão do funcionamento do próprio cérebro.

LURIA, A. R. **O homem com um mundo estilhaçado**. Petrópolis: Vozes, 2008.

> Escrito pelo neuropsicólogo Aleksander Romanovich Luria, esse livro conta a história real de um soldado russo durante a Segunda Guerra Mundial que, aos 23 anos de idade, teve seu cérebro lesionado ao ser atingido por estilhaços de uma granada durante seu primeiro dia no combate. O livro mescla trechos dos diários do soldado, descrições de Luria a respeito de sua evolução e reflexões teóricas sobre neuropsicologia. O grande mérito da obra é mostrar, com base em um caso clínico, o funcionamento da aprendizagem e da plasticidade neuronal, articulando aspectos teóricos com reflexões humanísticas.

Atividades de autoavaliação

1. Qual das alternativas a seguir **não** representa uma propriedade do cérebro relacionada à neuroplasticidade?
   a) Recuperar-se após uma lesão cerebral.
   b) Modificar-se como resultado da experiência.
   c) Alterar o formato físico de suas estruturas.
   d) Mudar a funcionalidade de um grupo de neurônios.

2. A respeito da neurogênese e da sinaptogênese, indique se as afirmações a seguir são verdadeiras (V) ou falsas (F):
   ( ) Um adulto tem um número maior de neurônios do que um bebê recém-nascido.
   ( ) Um adulto tem um número maior de sinapses do que um bebê recém-nascido.
   ( ) Nascemos com mais neurônios do que os necessários para uma cognição adequada.
   ( ) Há produção de neurônios apenas durante a gestação.
   ( ) Vários neurônios são descartados durante a gestação.
   ( ) A formação de neurônios é mais intensa na gestação e nos anos iniciais.
   ( ) A formação de sinapses é mais intensa durante a adolescência.

   Agora, assinale a alternativa que corresponde corretamente à sequência obtida:

   a) F, V, F, V, V, V, V.
   b) V, V, V, V, F, V, F.
   c) V, F, F, V, F, V, F.
   d) F, V, V, F, V, V, F.

3. A respeito da reorganização cerebral, assinale a alternativa correta:
   a) Redes neurais não podem ser enfraquecidas ou reestruturadas.
   b) Neurônios vizinhos podem assumir a função de neurônios de áreas adjacentes.
   c) O córtex apresenta mapas permanentes de representações dos sentidos.
   d) A estimulação não interfere na maneira como os sentidos são representados no córtex.

4. A respeito do fenômeno da poda neural, assinale a alternativa correta:
   a) A poda neural diminui o número de sinapses que um neurônio realiza.
   b) Quanto mais sinapses, maior a qualidade da aprendizagem.
   c) Durante a adolescência, observa-se um aumento no número de sinapses.
   d) Ao eliminar sinapses, a poda prejudica a aprendizagem.

5. Quais destes fenômenos representam o que é a aprendizagem segundo a perspectiva neurofisiológica?
   I) Fortalecimento de redes neurais.
   II) Aumento no número de células da glia.
   III) Aumento no fluxo de liberação de neurotransmissores.
   IV) Facilitação da comunicação entre redes neurais.
   V) Consolidação da memória.
   VI) Alterações nos padrões de atividade elétrica cortical.
   VII) Redes neurais sendo ativadas simultaneamente.

   Agora, assinale a alterativa que indica a resposta correta:

a) I, II, V e VII.
b) I, III, VI e VII.
c) I, IV, V e VII.
d) II, III, IV e V.

Atividades de aprendizagem

Questões para reflexão

1. Conforme a perspectiva das neurociências, a aprendizagem ocorre em qual âmbito educacional; na educação formal ou na educação informal? Justifique.

2. Para elaborar melhor a compreensão dos fenômenos estudados e desenvolver uma habilidade descritiva, procure realizar o seguinte desafio: explique o que é neuroplasticidade, neurogênese, sinaptogênese e poda neural sem utilizar os termos *aprendizagem*, *cérebro*, *neurônio*, *dendrito(s)*, *axônio*, *sinapse* e *célula*.

Considerações finais

Com esta obra, buscamos apresentar, de maneira introdutória, as principais bases neurofisiológicas do funcionamento cerebral e cognitivo humano. A abordagem dos conceitos realizada aqui, portanto, está longe de esgotar o tema, devendo servir mais como um passo inicial para a busca de mais informações e conhecimentos a respeito dos processos cognitivos e emocionais.

Examinamos as funções, classificações e características do neurônio e das sinapses, os principais neurotransmissores, as origens filogenéticas e ontogenéticas do sistema nervoso, as bases neurais do sono, da sensação, da percepção, da memória e do pensamento e, por fim, a aprendizagem como construção biológica de cadeias de sinapses que se fortalecem a cada vez que são ativadas. A esta altura, esperamos que você tenha compreendido que a aprendizagem se constitui como resultado de um sistema neurofisiológico ativo e dinâmico e que aspectos ambientais impactam processos biológicos, assim como processos biológicos influenciam a maneira como interagimos com o ambiente.

É importante somar à neurofisiologia outras abordagens científicas que auxiliam na compreensão do que é a aprendizagem: neuropsicologia, pedagogia, psicologia, antropologia... Cada uma, ao enfatizar seu objeto de estudo, acrescenta uma nova camada ao processo.

No entanto, por mais que avancemos no estudo da aprendizagem, é essencial não perder de vista que, na essência, a aprendizagem e todos os outros processos psicológicos humanos têm uma base material neural e que a compreensão de como nosso cérebro transforma impulsos elétricos e substâncias químicas em pensamentos, emoções e ações pode nos ajudar a aprender e... a ensinar.

Glossário

Acetilcolina: neurotransmissor presente nas ligações entre nervos e músculos. Auxilia na regulação do controle motor, na aprendizagem, na memória, no sono e no sonho.

Adrenalina: ver *Epinefrina*.

Agonistas: substâncias químicas que intensificam a ação dos neurotransmissores.

Antagonistas: substâncias químicas que inibem a ação dos neurotransmissores.

Aprendizagem: fortificação no sistema nervoso das redes neurais construídas por meio de mecanismos da consolidação da memória. Envolve a simultaneidade da ativação neuronal e a facilitação de comunicação entre essas redes neuronais.

Astrócitos: tipo de células da glia com formato grande e arredondado. Agem principalmente protegendo os neurônios por meio de barreiras contra determinados agentes químicos que danificariam o sistema nervoso.

Autorrecepção: fenômeno que finaliza a ação de neurotransmissores; consiste na ligação dos neurotransmissores liberados na fenda sináptica com os receptores do neurônio pré-sináptico.

Autocontrole: função executiva responsável pelo controle de impulsos e dos próprios comportamentos, pensamentos e emoções.

Axônio: prolongamento do neurônio que conduz o impulso elétrico por sua extensão e libera neurotransmissores na fenda sináptica em seu botão terminal.

Bainha de mielina: camada de gordura composta por células de Schwann ou oligodendrócitos que recobre o axônio e garante maior qualidade na condução elétrica do neurônio.

Bastonetes: fotorreceptores presentes na retina, responsáveis pela captação e transdução da intensidade luminosa.

Blástula: estágio do embrião que apresenta camadas celulares chamadas de *folhetos embrionários*.

Bottom-up: ver *Processamento de baixo para cima*.

Canais iônicos: poros na membrana neuronal que permitem a condução de íons ao longo do neurônio, como os canais de sódio e potássio. Permitem a geração do potencial de ação.

Células da glia: também conhecidas como *neuróglia*, são células do sistema nervoso que oferecem apoio aos neurônios, cumprindo diversas funções, como formação de sinapses, condução do impulso elétrico, nutrição e defesa.

Células da Schwann: tipo de células da glia responsável pela formação da bainha de mielina, que recobre o axônio. São encontradas no sistema nervoso periférico.

Cones: fotorreceptores presentes na retina responsáveis pela captação e transdução das cores presentes nos estímulos luminosos.

Corpo celular: parte da célula conhecida como *soma*, que abriga o núcleo e as organelas. No caso dos neurônios, a membrana plasmática que reveste o corpo celular tem a propriedade de conduzir o impulso nervoso.

Córtex cerebral: camada cerebral externa, composta por uma faixa de 2 a 4 milímetros de espessura de neurônios. É responsável pelas funções mais complexas do sistema nervoso central.

Córtex occipital: região do córtex cerebral responsável pelo processamento visual. Suas áreas primárias realizam a sensação visual, e suas áreas secundárias, a percepção visual.

Córtex temporal: região do córtex cerebral responsável pelo processamento auditivo e musical. Suas áreas primárias realizam a sensação auditiva, e as áreas secundárias, a percepção auditiva.

Córtex parietal: região do córtex cerebral responsável pelo processamento tátil, corporal e cinestésico. Suas áreas primárias, conhecidas também como *homúnculo de Penfield*, realizam a sensação tátil, e suas áreas secundárias, a percepção tátil.

Córtex posterior: região do córtex que compreende os lobos temporal, parietal e occipital.

Córtex pré-frontal: região anterior do córtex frontal. É responsável pelas funções executivas.

Dendritos: parte da estrutura do neurônio, em formato de pequenos ramos, responsável por receber os neurotransmissores lançados na fenda sináptica.

Dopamina: neurotransmissor relacionado com a motivação, o sistema de recompensas e o controle motor fino.

Desativação enzimática: fenômeno que finaliza a ação de neurotransmissores, consistindo na destruição dos que restam na fenda sináptica por enzimas específicas para esse fim.

Diferenciação neural: processo de transformação de um neurônio de seu formato inicial quando criado até seu formato final e funcional.

Doutrina neuronal: teoria proposta por Santiago Ramón y Cajal no início do século XX, segundo a qual o sistema nervoso é composto por células individuais separadas, sem continuidade entre si, e não por uma teia unificada, conforme a teoria vigente à época.

Ectoderma: folheto embrionário que resulta na formação do sistema nervoso e da pele.

Endoderma: folheto embrionário que resulta na formação do pulmão e dos órgãos do sistema digestório.

Endorfina: neurotransmissor responsável pela mitigação da dor, participando também do sistema de recompensas.

Ependimócitos: tipo de células da glia ciliadas e em formato de cubo que colaboram na movimentação e formação do líquido que circula nos espaços cranianos e da espinha.

Epinefrina: neurotransmissor que gera no organismo uma resposta de luta ou fuga em situações de ameaça ou estresse. É conhecida também como *adrenalina*.

Fenda sináptica: espaço entre o neurônio pré-sináptico e o neurônio pós-sináptico, onde são lançados e captados os neurotransmissores.

Filogenia: estudo da origem e evolução de uma espécie.

Flexibilidade: função executiva responsável pela mudança ou alternância de objetivos, de acordo com o contexto.

Fotorreceptores: células sensíveis à luz que captam o estímulo luminoso e o transformam em sinal neuronal visual. Situam-se na retina e são basicamente cones e bastonetes.

Funções executivas: funções de responsabilidade do córtex pré-frontal que envolvem o planejamento, a abstração, o raciocínio, a flexibilidade mental, o freio inibitório, a metacognição e a flexibilidade cognitiva.

Freio inibitório: função executiva responsável por inibir estímulos distratores e controlar o comportamento impulsivo.

GABA: sigla referente a *gamma-aminobutyric acid* (ácido gama-aminobutírico), neurotransmissor responsável pela inibição dos potenciais de ação. Está envolvido na diminuição da ansiedade.

Glutamato: neurotransmissor responsável pela excitação dos potenciais de ação.

Hipocampo: estrutura cerebral localizada na parte interior dos lobos temporais, responsável, entre outras funções, pela consolidação da memória de longo prazo. Participa do sistema límbico.

Homúnculo de Penfield: representação neural do corpo humano que compreende as áreas primárias do córtex parietal responsáveis pela sensação tátil.

Interneurônios: células nervosas que conectam circuitos neurais próximos, realizando a ponte entre diversos tipos de neurônios. São também chamados de *neurônios associativos*.

Lei biogenética: princípio proposto por Ernst Haeckel, segundo o qual a ontogenia repete a filogenia, ou seja, o desenvolvimento de um organismo recapitula sistematicamente as fases pelas quais passaram os adultos ancestrais daquela espécie. É conhecida também como *lei da recapitulação*.

Lei da recapitulação: ver *Lei biogenética*.

Lei de Dale: princípio elaborado por Henry Hallett Dale, segundo o qual cada neurônio seria capaz de produzir e liberar apenas um neurotransmissor que geraria um efeito específico no neurônio pós-sináptico.

Lei do tudo ou nada: característica do funcionamento do neurônio, a qual determina os pulsos elétricos precisam atingir um limiar de intensidade para gerar novos potenciais de ação. A intensidade dos potenciais de ação gerados é independente da intensidade dos sinais elétricos anteriores. É conhecida também como *princípio do tudo ou nada*.

Mecanorreceptores: células ciliadas presentes na cóclea da orelha interna que captam a vibração do ar e a transformam em sinal neuronal auditivo. Também são células de pressão presentes na pele que convertem estímulos de constrição em sinal neuronal tátil.

Memória: processo complexo que envolve a aquisição, a consolidação, a manutenção, a evocação e a extinção de informações às quais houve exposição anterior.

Memória de curto prazo: tipo de memória que mantém a informação de maneira provisória, de alguns segundos até algumas horas.

Memória de longo prazo: tipo de memória que mantém a informação de modo razoavelmente permanente, durante, dias, meses, anos ou décadas.

Memória operacional: componente ativo da memória de curto prazo que armazena temporariamente a informação enquanto essa ou outra informação é trabalhada.

Mesencéfalo: ventrículo embrionário, parte do sistema nervoso primitivo, junto com o prosencéfalo e o rombencéfalo.

Mesoderma: folheto embrionário que resulta na formação da musculatura voluntária, dos ossos, do sistema circulatório, do sistema excretor e do sistema reprodutor.

Metacognição: função executiva responsável pela reflexão acerca da própria cognição. É o pensar sobre o pensar.

Migração neural: processo de transporte de neurônios do lugar onde foram criados para seus sítios definitivos.

Motoneurônios: células nervosas que conduzem os impulsos nervosos ao tecido muscular, levando ao relaxamento ou à contração dos músculos e produzindo assim o movimento. São chamados também de *neurônios eferentes*.

Neuróglia: ver *Células da glia*.

Neurônio: principal célula do sistema nervoso, responsável pela transmissão da informação neural.

Neurônios bipolares: células nervosas com apenas um dendrito e um axônio.

Neurônios multipolares: células nervosas de formato típico, com vários dendritos e apenas um axônio.

Neurônio pré-sináptico: o neurônio anterior em uma sinapse, que converte o sinal elétrico em sinal químico e realiza a liberação de neurotransmissores na fenda sináptica.

Neurônio pós-sináptico: o neurônio posterior em uma sinapse, que realiza a captação de neurotransmissores na fenda sináptica e converte o sinal químico em sinal elétrico.

Neurônios pseudounipolares: células nervosas com corpo celular e um único prolongamento que se comporta como um dendrito em uma ponta e como um axônio em outra ponta.

Neurônios unipolares: células nervosas pouco comuns com um único prolongamento.

Neurônios sensoriais: células nervosas receptoras, que captam as informações do ambiente e as enviam ao sistema nervoso. São chamadas também de *neurônios aferentes*.

Neuroplasticidade: ver *Plasticidade cerebral*.

Neurogênese: processo de criação de novos neurônios, mesmo após a gestação.

Neurotransmissores: substâncias químicas liberadas pelo neurônio pré-sináptico na fenda sináptica que funcionam como mensageiros entre as células nervosas.

Nociceptores: células da pele que são sensíveis à dor, ou seja, às várias formas de energia que põem em risco a integridade do corpo; transformam o estímulo aversivo da dor em sinal neuronal tátil.

Nódulos de Ranvier: espaços não mielinizados no axônio que ficam entre as células de Schwann ou entre oligodendrócitos. Permitem o "salto elétrico" do impulso neural ao longo do axônio.

Noradrenalina: ver *Norepinefrina*.

Norepinefrina: neurotransmissor que gera no organismo um estado de excitação e atenção. É conhecida também como *noradrenalina*.

Oligodendrócitos: tipo de células da glia responsável pela formação da bainha de mielina, que recobre o axônio. São encontrados no sistema nervoso central.

Ontogenia: estudo das origens e do desenvolvimento de um organismo que descreve as fases e mudanças contínuas ao longo da vida, da fecundação à idade adulta.

Pensamento: atividade mental cognitiva que compreende o raciocínio e a compreensão.

Percepção: processamento, organização e interpretação das sensações. Ocorre em áreas corticais associativas.

Placa neural: parte do ectoderma que, durante o desenvolvimento ontogenético, dobra-se sobre si mesma, formando o sulco central e o tubo neural.

Plasticidade cerebral: capacidade do cérebro de aprender ou de se recuperar e se reorganizar após uma lesão cerebral. Diz respeito à maleabilidade do cérebro em relação à sua adaptação diante de circunstâncias diferentes.

Poda neural: fenômeno do desenvolvimento que diminui consideravelmente o número médio de sinapses realizadas pelos neurônios, deixando as sinapses mais bem consolidadas.

Potencial de ação: atividade elétrica que acontece ao longo da membrana semipermeável do neurônio, transportando íons ao longo da célula.

Processamento de baixo para cima: também conhecido pelo termo em inglês *bottom-up*, é a relação entre sensação e percepção que parte das características sensoriais de um estímulo para a construção de uma imagem perceptiva geral.

Processamento de cima para baixo: também conhecido pelo termo em inglês *top-down*, é a relação entre sensação e percepção que parte das características gerais de uma imagem perceptiva em direção aos aspectos sensoriais de um estímulo.

Proliferação neural: processo de criação de novos neurônios, especialmente durante a gestação.

Prosencéfalo: ventrículo embrionário, parte do sistema nervoso primitivo, junto com o mesencéfalo e o rombencéfalo.

Quimiorreceptores: células presentes na mucosa nasal que captam as moléculas presentes no ar e as transforam em sinal neuronal olfativo. Também estão presentes nas papilas gustativas, que captam as moléculas dissolvidas em líquidos e as transformam em sinal neuronal gustativo.

Recaptação: fenômeno que finaliza a ação de neurotransmissores; o neurônio pré-sináptico captura os próprios neurotransmissores liberados.

Reorganização cerebral: reestruturação das conexões sinápticas e/ou rearranjo do funcionamento cerebral para atender a novas demandas de estímulos ou situações de lesão cerebral.

Rombencéfalo: ventrículo embrionário, parte do sistema nervoso primitivo, junto com o prosencéfalo e o mesencéfalo.

Sensação: captura dos estímulos persentes no ambiente e no próprio corpo. É a codificação da energia físico-química e a transdução dessa energia.

Serotonina: neurotransmissor responsável pela regulação de emoções, saciedade, desejo sexual e sonhos.

Sinal excitatório: sinal neuronal que causa a liberação de pulso elétrico no neurônio pós-sináptico.

Sinal inibitório: sinal neuronal que inibe a presença de pulso elétrico no neurônio pós-sináptico.

Sinapse: conexão entre neurônios. Esse contato, na maior parte das vezes, é mediado quimicamente por neurotransmissores.

Sinapse elétrica: conexão entre neurônios com um espaço intercelular bastante reduzido, de modo que junções comunicantes permitam a passagem da atividade elétrica entre neurônios.

Sinapse química: conexão típica entre neurônios, mediada por neurotransmissores.

Sinaptogênese: formação de novas sinapses, que ocorre sobretudo antes do nascimento e no início da infância.

Sistema límbico: conjunto de estruturas cerebrais responsáveis pelo processamento emocional. Inclui, entre outras estruturas, o córtex temporal medial, o hipocampo e a amígdala.

Sistema nervoso central (SNC): parte do sistema nervoso composto pelo encéfalo (tecido nervoso situado na cabeça) e pela medula espinhal. Compõe com o sistema nervoso periférico a totalidade do sistema nervoso.

Sistema nervoso periférico (SNP): conjunto de nervos, gânglios e órgão terminais que se irradiam por toda a extensão corporal. Compõe com o sistema nervoso central a totalidade do sistema nervoso.

Sono: estado de consciência regulada pelo ritmo circadiano que apresenta um padrão de atividade elétrica diferente da vigília.

Sulco central: suave concavidade da placa neural que forma o tubo neural ao se fechar sobre si mesma.

Teoria da evolução das espécies: ver *Teoria da seleção natural*.

Teoria da seleção natural: teoria proposta por Charles Darwin, segundo a qual o ambiente seleciona, entre a variabilidade presente na natureza, os organismos mais adaptados para a sobrevivência naquele meio. É conhecida também como *teoria da evolução das espécies*.

Termorreceptores: células da pele que são sensíveis às variações térmicas da temperatura corporal e transformam a temperatura em sinal neuronal tátil.

Transdução: transformação dos estímulos em potencial elétrico gerado pelos receptores sensoriais, traduzindo os estímulos para a linguagem cerebral.

Tubo neural: canal do ectoderma resultado do fechamento da placa neural sobre si mesma. Forma as estruturas do sistema nervoso central.

***Top-down*:** ver *Processamento de cima para baixo.*

Zigoto: célula inicial de um organismo, resultado da fecundação de dois gametas.

Referências

BELMONTE, M. K. et al. Autism and Abnormal Development of Brain Connectivity. **Journal of Neuroscience**, v. 24, n. 42, p. 9228-9231, 2004.

COSENZA, R.; GUERRA, L. **Neurociência e educação**: como o cérebro aprende. Porto Alegre: Artmed, 2009.

DAMÁSIO, A. **O erro de Descartes**: emoção, razão e o cérebro humano. São Paulo: Companhia das Letras, 2012.

GARBIN, L. C.; FALEIROS, R. R.; LAGO, L. A. do. Enriquecimento ambiental em roedores utilizados para a experimentação animal: revisão de literatura. **Revista Acadêmica: Ciência Animal**, v. 10, n. 2, p. 153-161, 2012.

GAZZANIGA, M. S.; IVRY, R. B.; MANGUN, G. R. **Neurociência cognitiva**: a biologia da mente. Porto Alegre: Artmed, 2006.

GAZZANIGA, M.; HEATHERTON, T.; HALPERN, D. **Ciência psicológica**. 5. ed. Porto Alegre: Artmed, 2018.

HARARI, Y. N. **Sapiens**: uma breve história da humanidade. Porto Alegre: L&PM, 2015.

HERCULANO-HOUZEL, S. **A vantagem humana**: como nosso cérebro se tornou superpoderoso. São Paulo: Companhia das Letras, 2017.

______. **O cérebro em transformação**. São Paulo: Objetiva, 2005.

IZQUIERDO, I. **Memória**. 3.ed. Porto Alegre: Artmed, 2018.

JOCA, S. R. L.; PADOVAN, C. M.; GUIMARÃES, F. S. Estresse, depressão e hipocampo. **Revista Brasileira de Psiquiatria**, v. 25, p. 46-51, 2003.

KANDEL, E. et al. **Princípios de neurociências**. 5. ed. Porto Alegre: AMGH/Artmed, 2014.

LENT, R. **Cem bilhões de neurônios?** 2. ed. São Paulo: Atheneu, 2010.

LURIA, A. R. **O homem com um mundo estilhaçado**. Petrópolis: Vozes, 2008.

RAMACHANDRAN, V. S.; BLAKESLEE, S. **Fantasmas no cérebro**. Rio de Janeiro: Record, 2004.

ROSENZWEIG, M. R. Environmental Complexity, Cerebral Change, and Behavior. **American Psychologist**, v. 21, n. 4, p. 321-332, 1966.

SAPOLSKY, R. M. **Por que as zebras não têm úlceras?** São Paulo: Francis, 2007.

SILVA, M. S. Os efeitos da cafeína relacionados à atividade física: uma revisão. **Lecturas**: Educación física y deportes, Buenos Aires, n. 66, nov. 2003.

SIMONETTI, D. C.; ALMEIDA, L. S.; GUENTHER, Z. Identificação de alunos com altas capacidades: uma contribuição de indicadores neuropsicológicos. **Revista de Educação Especial**, Santa Maria, v. 23, n. 36, p. 43-56, 2010.

WERNECK, F. Z.; BARA FILHO, M. G.; RIBEIRO, L. C. S. Mecanismos de melhoria do humor após o exercício: revisitando a hipótese das endorfinas. **Revista Brasileira de Ciência & Movimento**, v. 13, n. 2, p. 135-144, 2005.

Bibliografia comentada

A maior parte das informações deste livro foram baseadas nas obras apresentadas a seguir. São obras de referência para o estudo de neurociência, de modo que todas podem fundamentar um estudo aprofundado dos vários temas abordados aqui.

COSENZA, R.; GUERRA, L. **Neurociência e educação**: como o cérebro aprende. Porto Alegre: Artmed, 2009.

Esse livro se constitui em uma introdução ao tema das neurociências para professores, apresentando temas como neuroanatomina, neurofisiologia, memória, atenção, funções executivas e inteligência, sempre relacionados com o contexto educacional. Alguns capítulos tratam exclusivamente da relação entre neurociências e educação, discutindo os processos neurobiológicos da leitura e da matemática.

KANDEL, E. et al. **Princípios de neurociências**. 5. ed. Porto Alegre: AMGH/Artmed, 2014.

Essa obra é um clássico das neurociências. Trata-se uma leitura bastante aprofundada e até mesmo complexa, indicada para quem já tem certo conhecimento na área. O livro é dividido em nove grandes partes, cada um com vários capítulos, que versam sobre anatomia, biologia molecular, cognição, percepção, movimento, desenvolvimento, linguagem, pensamento e aprendizagem.

LENT, R. **Cem bilhões de neurônios?** 2. ed. São Paulo: Atheneu, 2010.

Esse livro é o principal representante nacional entre as obras de referência em neurociências, não devendo nada para as grandes obras internacionais. Seus capítulos são divididos nos seguintes blocos: neurociência celular, neurociência sensorial, neurociência dos movimentos, neurociência dos estados corporais e neurociência das funções mentais. O dr. Robert Lent, professor na Universidade Federal do Rio de Janeiro (UFRJ), além de apresentar resultados de suas próprias pesquisas, traz a contribuição de vários colegas pesquisadores brasileiros que relatam como a pesquisa é realizada nessa área.

GAZZANIGA, M.; HEATHERTON, T.; HALPERN, D. **Ciência psicológica**. 5. ed. Porto Alegre: Artmed, 2018.

Não se trata de um livro exatamente sobre neurociências, mas de uma introdução à psicologia. No entanto, um de seus autores, Michael Gazzaniga, é um dos mais relevantes neurocientistas da contemporaneidade, e o domínio é trabalhado com bastante propriedade, sobretudo no Capítulo 3 – "Biologia e comportamento". A redação do texto é bastante didática e acessível, sem perder a profundidade que o tema exige.

GAZZANIGA, M. S.; IVRY, R. B.; MANGUN, G. R. **Neurociência cognitiva**: a biologia da mente. Porto Alegre: Artmed, 2006.

O livro aborda, como as demais obras de referência em neurociências, temas como as bases celulares e moleculares das funções cognitivas e os diversos mecanismos neurais. Seu diferencial, porém, está na ênfase à cognição, aprofundando-se no tema. Apresenta também alguns assuntos que não são tão bem explorados em outras obras, como os métodos em neurociência cognitiva, perspectivas evolutivas e o problema da consciência.

Respostas

Capítulo 1

Atividades de autoavaliação

1. b
2. d
3. b
4. b
5. d

Atividades de aprendizagem

Questões para reflexão

1.

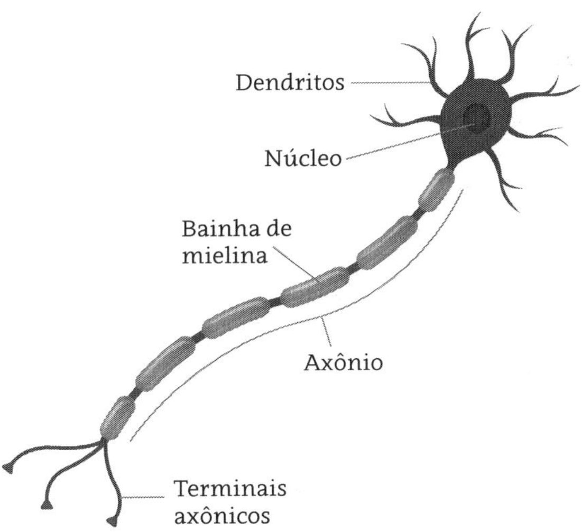

gritsalak karalak/Shutterstock

2.

Categoria	Classificação	Características
Forma	Neurônios unipolares	• Pouco comuns • Apresentam um único prolongamento a partir do corpo celular
Forma	Neurônios pseudounipolares	• Apresentam um único prolongamento que se comporta como um dendrito em uma ponta e como um axônio na outra
Forma	Neurônios bipolares	• Apenas um dendrito e um axônio
Forma	Neurônios multipolares	• Formato típico • Vários dendritos e apenas um axônio
Função	Neurônios sensoriais	• Receptores • Captam o estímulo do ambiente • Aferentes
Função	Interneurônios	• Ligam diversos tipos de neurônios • Conectam circuitos neurais próximos • Associativos
Função	Motoneurônios	• Conduzem os impulsos aos músculos • Eferentes

Capítulo 2

Atividades de autoavaliação

1. d
2. d
3. a
4. b
5. c

Atividades de aprendizagem

Questões para reflexão

1. **História do descobrimento**: a sinapse elétrica foi proposta teoricamente antes da sinapse química. Quem teorizou a respeito foi John Eccles, na década de 1930. Sua confirmação empírica ocorreu apenas ao final da década de 1950, com o advento da microscopia eletrônica. A sinapse química foi proposta teoricamente por Henry Dale em 1937 e confirmada empiricamente por John Eccles em 1951.

   Modo de funcionamento: a sinapse elétrica ocorre pela passagem do pulso elétrico através das junções comunicantes presentes no espaço intercelular reduzido entre neurônios. A sinapse química ocorre pela mediação de neurotransmissores liberados na fenda sináptica pelo neurônio pré-sináptico e captados pelo neurônio pós-sináptico.

   Frequência: as sinapses químicas são muito mais frequentes do que as sinapses elétricas no organismo humano.

   Vantagens e desvantagens: as vantagens da sinapse elétrica são a velocidade e a precisão, que permitem sincronizar muitas células ao mesmo tempo. A desvantagem dessa sinapse é sua incapacidade de modular e processar a informação transmitida. A vantagem da sinapse química é a possibilidade bastante ampla de processamento e modulação; a desvantagem é o fato de ser mais lenta.

2. A sinapse química acontece quando uma célula nervosa, depois de transportar íons ao longo de toda a sua extensão, gerando uma atividade elétrica, transforma esses sinais elétricos em sinais químicos ao liberar determinadas substâncias na fenda sináptica, um espaço entre essa célula e outra célula nervosa. Esta segunda célula nervosa capta essas substâncias químicas, que funcionam como chaves que se encaixam em fechaduras. As fechaduras liberam uma nova carga elétrica (ou cessam a atividade). Se a soma das cargas elétricas liberadas alcançar determinado limiar, uma nova carga elétrica será criada e percorrerá a extensão da nova célula.

Capítulo 3

Atividades de autoavaliação

1. d
2. b
3. d
4. b
5. b

Atividades de aprendizagem

Questões para reflexão

1.

Neurotransmissor	Características gerais	Funções
Acetilcolina	• Primeiro neurotransmissor descoberto • Presente nas ligações entre nervos e músculos • Doença de Alzheimer = diminuição da acetilcolina	• Controle motor • Aprendizagem • Memória • Sono • Sonho
Dopamina	• Doença de Alzheimer = diminuição de neurônios dopaminérgicos	• Sistema de recompensa • Motivação
Endorfina	• "Morfina endógena"	• Minimização da dor • Sistema de recompensa
Epinefrina	• Também chamada de *adrenalina*	• Resposta de luta ou fuga
GABA	• Sigla em inglês para ácido gama-aminobutírico • Diminuição pode levar a crises de epilepsia	• Inibição dos potenciais de ação • Diminuição da ansiedade
Glutamato	• Seu excesso pode levar a crises de epilepsia	• Aumento dos potenciais de ação
Norepinefrina	• Também chamada de *noradrenalina*	• Excitação • Atenção • Humor • Alimentação • Sono
Serotonina		• Emoções • Saciedade • Controle de impulsos • Desejo sexual • Sonho

2.

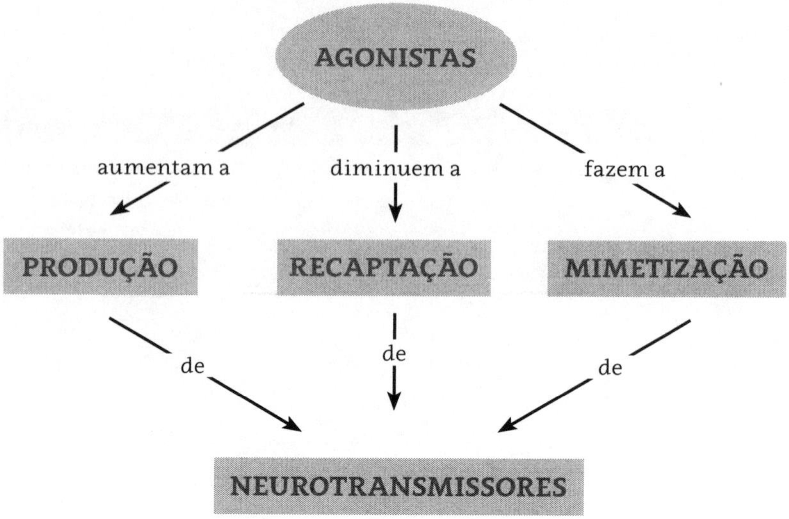
AGONISTAS
aumentam a
diminuem a
fazem a
PRODUÇÃO
RECAPTAÇÃO
MIMETIZAÇÃO
de
de
de
NEUROTRANSMISSORES

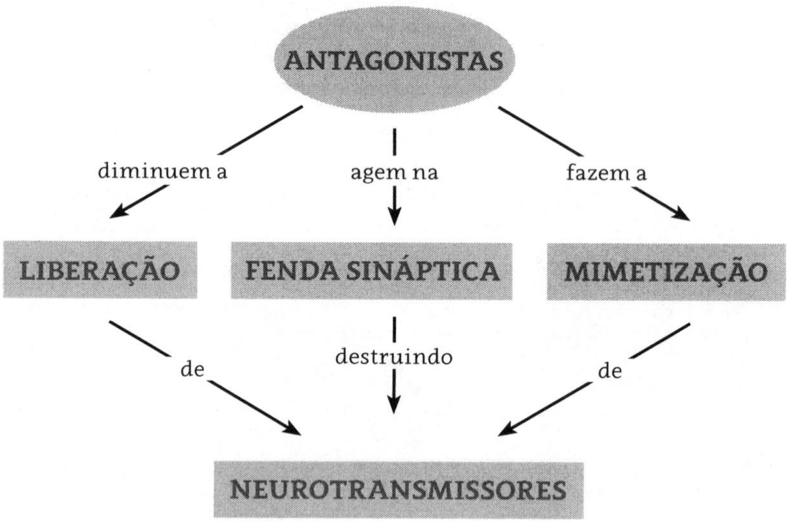
ANTAGONISTAS
diminuem a
agem na
fazem a
LIBERAÇÃO
FENDA SINÁPTICA
MIMETIZAÇÃO
de
destruindo
de
NEUROTRANSMISSORES

Capítulo 4

Atividades de autoavaliação

1. c
2. d
3. d
4. a
5. c

Atividades de aprendizagem

Questões para reflexão

1. A figura a seguir ilustra a formação completa do feto.

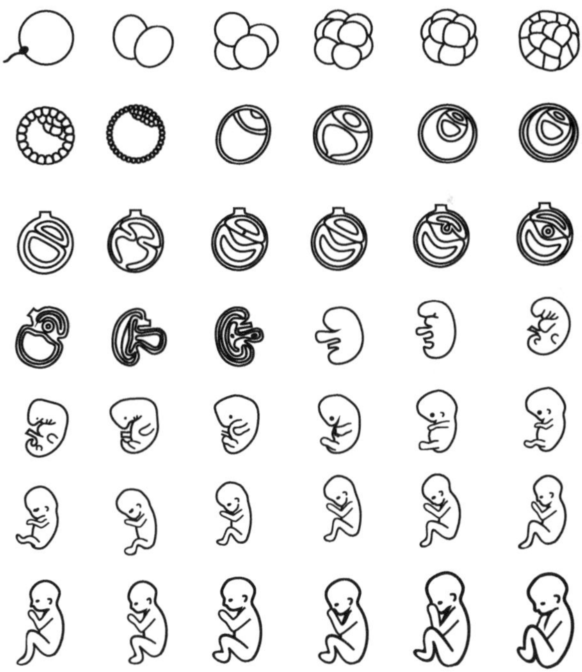

Ptaha I/Shutterstock

2. Provavelmente sim. Diferentes condições geográficas e materiais exigiriam diferentes capacidades. O ambiente selecionaria os indivíduos mais adaptados para aquelas condições, e esses indivíduos gerariam descendentes com aquelas características. A evolução de tais características seria provavelmente diferente da história evolutiva da espécie como a conhecemos, o que geraria um cérebro diferente do nosso e até mesmo uma espécie diferente da nossa.

Capítulo 5

Atividades de autoavaliação

1. b
2. c
3. d
4. b
5. a

Atividades de aprendizagem

Questões para reflexão

1. **Memória de curto prazo**: Em um sábado à noite, você decide pedir uma *pizza*. O número de telefone da pizzaria está em um imã colado na porta da geladeira. Alguém diz o número em voz alta, você memoriza essa informação e logo a utiliza para fazer a ligação telefônica. Assim que a chamada se completa, sua atenção se volta para o pedido da *pizza* e a informação do número de telefone é perdida.
   Memória de longo prazo: Uma *pizza* é entregue em seu domicílio. Ao abrir a caixa do produto, no entanto, você descobre que o sabor é diferente do sabor solicitado. Após uma reclamação, a pizzaria lhe envia duas *pizzas* como compensação. Você se lembra desse

acontecimento por anos toda vez que vai pedir uma *pizza* e chega a torcer que venha um sabor errado.

2. Uma criança está aprendendo a jogar xadrez, a começar por como dispor as peças corretamente no tabuleiro. A sensação ocorre na captação das cores escuras e claras das casas do tabuleiro e das peças, assim como do formato das peças e de sua textura tátil. A percepção ocorre à medida que a criança identifica as peças como peões, cavalos, torres etc. por seu formato total. A memória visual ocorre à medida que há a aprendizagem da ordem em que as peças devem ser colocadas (torre, cavalo, bispo, rei, dama, bispo, cavalo e torre na última fileira do tabuleiro e peões na penúltima fileira). O pensamento ocorre à medida que a criança raciocina com base na regra que aprendeu de que a dama branca fica na casa branca e verifica se a dama está bem posicionada, corrigindo a posição da peça caso seja necessário.

Capítulo 6

Atividades de autoavaliação

1. c
2. d
3. b
4. a
5. c

Atividades de aprendizagem

Questões para reflexão

1. A aprendizagem ocorre nos dois âmbitos educacionais. Como a educação informal é mais frequente, muitas das construções de redes neurais acontecem no cotidiano da família e no ambiente social, como aprender a falar, a andar, a cumprir papéis sociais.

Cada uma dessas atividades é uma aprendizagem que cria e fortalece conexões sinápticas a serem reforçadas ao longo da vida. Na educação formal, a formação de sinapses também ocorre e privilegia os conteúdos e habilidades apresentados sistematicamente, geralmente envolvendo mais conceitos abstratos e raciocínio lógico do que na educação informal e, portanto, estimulando regiões cerebrais diferentes. As duas formas de educação, pois, são complementares e ambas propiciam a aprendizagem.

2. **Neuroplasticidade**: capacidade do sistema nervoso de se transformar diante de novos estímulos e lesões físicas, adaptando-se a novas realidades.

Neurogênese: criação de novas estruturas mínimas essenciais do sistema nervoso. Ocorre principalmente durante a gestação.

Sinaptogênese: criação de novas conexões entre as estruturas mínimas essências do sistema nervoso. Ocorre principalmente durante a gestação e os primeiros anos de vida.

Poda neural: diminuição sistemática, durante o desenvolvimento, da ligação entre as estruturas mínimas do sistema nervoso, o que auxilia na manutenção das redes de aprendizagem já consolidadas.

Sobre o autor

Leandro Kruszielski é psicólogo formado pela Universidade Federal do Paraná (UFPR). É mestre e doutor em Educação também pela UFPR. Já trabalhou como psicólogo escolar e psicólogo clínico na área de avaliação e reabilitação neuropsicológica. Foi docente dos cursos de Psicologia e Pedagogia no Centro Universitário Dom Bosco, na Universidade Positivo e na Universidade Tuiuti do Paraná. Atualmente, é professor do Departamento de Teorias e Fundamentos em Educação da UFPR.

Impressão:
Abril/2019